Kleines Register zur Bibel

Kleines Register zur Bibel

Wo steht was – was steht wo?

---

von Helmar Maurer

Ein Inhaltsverzeichnis zur gesamten Bibel
mit Apokryphen
in fortlaufender
und alphabetischer Ordnung

**Christliche
Verlagsanstalt
Konstanz**

Bibel · Kirche · Gemeinde, Band 21

Umschlagfoto: Franzis von Stechow, Konstanz

Mit * gekennzeichnete Titel sind mehrmals aufgeführt.

CIP-Kurztitelaufnahme der Deutschen Bibliothek

Maurer, Helmar:

Kleines Register zur Bibel: wo steht was – was steht wo?; Ein Inh.-Verz. zur gesamten Bibel mit Apokryphen; in fortlaufender und alphabetischer Ordnung/von Helmar Maurer. – 1. Taschenbuch-Orig.-Ausgabe – Konstanz: Christliche Verlagsanstalt, 1986.
(Bibel, Kirche, Gemeinde; Bd. 21)
ISBN 3-7673-7621-0
NE: Bibel; GT; HST

1. Taschenbuch-Originalausgabe 1986

Gesamtherstellung: Kösel, Kempten
ISBN 3-7673-7621-0
Printed in Germany

Übersicht

Vorwort 7

Inhaltsverzeichnis zur Bibel in fortlaufender Ordnung 9

Altes Testament 11
Geschichtsbücher 12
Lehrbücher 47
Prophetische Bücher 59

Apokryphen 79

Neues Testament 97
Geschichtsbücher 98
Lehrbriefe 124
Prophetisches Buch 139

Inhaltsverzeichnis zur Bibel in alphabetischer Ordnung 143

Zeittafel 232

Vorwort

Vielleicht ist es Ihnen auch schon so ergangen, daß Sie eine bekannte biblische Geschichte nachlesen wollten und lange suchen mußten, bis Sie die Bibelstelle gefunden hatten. Da Ihnen ein genaues wörtliches Zitat nicht geläufig war, half auch eine Wortkonkordanz nicht viel weiter. So erging es mir selber oft während meines Studiums und in meinem Berufsleben als Religionslehrer. Deshalb entschloß ich mich, ein Nachschlagewerk für biblische Texte zu erstellen.
Mit vorliegendem Nachschlagewerk soll nun das Auffinden bekannter und weniger bekannter biblischer Texte erleichtert werden. Ebenso sollen die Zusammenhänge und das Umfeld der Texte deutlich aufgezeigt werden.
Das Gesamtbibelinhaltsverzeichnis (+ Apokryphen) führt im 1. Teil über 2600 Überschriften in fortlaufender Ordnung entsprechend der Reihenfolge der biblischen Bücher auf. Dadurch gewinnt man leicht und schnell einen Überblick über den Zusammenhang biblischer Geschichten und Texte. Die mit * gekennzeichneten Titel weisen darauf hin, daß dieser Titel mehrmals aufgeführt ist. Um die Parallelbibelstellen herauszufinden, ist es erforderlich, in der alphabetischen Ordnung den entsprechenden Titel nachzuschlagen. Dort sind alle weiteren Bibelstellen verzeichnet. Im 2. Teil sind die bekannteren und wichtigeren Titel (etwa 1700 Überschriften mit 2100 Bibelstellen) alphabetisch geordnet. Die biblischen Texte lassen sich durch die Untergliederung in biblische und außerbiblische Daten anhand der beigefügten Zeittafel, erstellt von Herbert Hartmann, in die Weltgeschichte einordnen.

Dieses Buch wird für die Handhabung sowohl in Größe und Umfang als auch von seinem Inhalt her insbesondere für Schüler, Konfirmanden, Theologiestudenten, Pfarrer, Religionslehrer und Teilnehmer an Bibelkreisen und Bibelstunden nützlich sein.
Frau Pfarrerin Christine Gellrich sei an dieser Stelle herzlich für die Durchsicht und die theologische Beratung gedankt.

Lörrach, im September 1985 Helmar Maurer

INHALTSVERZEICHNIS ZUR BIBEL IN FORTLAUFENDER ORDNUNG

ALTES TESTAMENT

Geschichtsbücher

Das 1. Buch Mose (Genesis)

I. Die Urgeschichte
(Kapitel 1,1 – 11,9) ab 1,1

Schöpfungsgeschichte – 1. Bericht
(Sieben-Tage-Bericht) 1,1
Schöpfungsgeschichte – 2. Bericht (Paradies) 2,4b
Sündenfall 3,1
Kain und Abel 4,1
Kains Nachkommen 4,17
Geschlechtsregister: Adam bis Noah 5,1
Gottessöhne und Menschentöchter 6,1
Noah und die Sintflut 6,5
Sintflut 7,1
Gottes Bund mit Noah 9,1
Noahs Fluch und Segen über seine Söhne 9,18
Völkertafel 10,1
Turmbau zu Babel 11,1

II. Die Erzväter Israels: Abraham, Isaak und Jakob
(Kapitel 11,10 – 36,43) 11,10

Geschlechtsregister: Sem bis Abram 11,10
Terachs Geschlecht und sein Zug von Ur
nach Haran 11,27
Abrams Berufung und Zug nach Kanaan 12,1

Verheißung an Abram*	12,7
Abram und Sarai in Ägypten	12,10
Gefährdung der Ahnfrau*	12,10
Abram und Lot trennen sich	13,1
Verheißung an Abram*	13,14
Feldzug der Könige	14,1
Abram errettet Lot	14,13
Verheißung an Abram*	15,1
Hagar und Ismael	16,1
Abram erhält den Namen Abraham	17,1
Bund der Beschneidung	17,9
Sarai erhält den Namen Sara	17,15
Verheißung Isaaks*	17,19
Besuch des Herrn bei Abraham in Mamre	18,1
Verheißung Isaaks*	18,10
Abrahams Fürbitte für Sodom	18,16
Untergang von Sodom und Gomorra	19,1
Lots Errettung	19,12
Lots Töchter und deren Sünde	19,30
Abraham und Sara bei Abimelech	20,1
Gefährdung der Ahnfrau*	20,1
Isaaks Geburt	21,1
Vertreibung Hagars und Ismaels	21,8
Abrahams Bund mit Abimelech	21,22
Opferung Isaaks	22,1
Verheißung an Abraham	22,15
Nahors Nachkommen	22,20
Saras Tod	23,1
Grab der Patriarchen	23,1
Isaak heiratet Rebekka	24,1
Abrahams zweite Ehe	25,1

Abrahams Tod	25,7
Ismaels Nachkommen	25,12
Esaus und Jakobs Geburt	25,19
Esau verkauft sein Erstgeburtsrecht	25,29
Verheißung an Isaak	26,1
Isaak und Rebekka in Gerar bei Abimelech	26,6
Gefährdung der Ahnfrau*	26,6
Brunnenstreit Isaaks mit den Philistern	26,12
Isaaks Bund mit Abimelech	26,26
Esaus erste Ehe	26,34
Jakob erlistet den Erstgeburtssegen	27,1
Jakobs Flucht nach Haran	27,41
Esaus zweite Ehe	28,6
Jakob schaut die Himmelsleiter	28,10
Jakobs Gelübde zu Bethel	28,18
Jakob dient um Lea und Rahel	29,1
Jakobs Kinder*	29,31
Jakobs Flucht und Versöhnung mit Laban	31,1
Jakob rüstet sich zur Begegnung mit Esau	32,1
Jakobs Kampf am Jabbok	32,23
Jakob erhält den Namen „Israel"*	32,28
Jakob versöhnt sich mit Esau	33,1
Schandtat an Dina und das Blutbad zu Sichem	34,1
Jakob in Bethel	35,1
Jakob erhält den Namen „Israel"*	35,9
Benjamins Geburt und Rahels Tod	35,16
Jakobs Kinder*	35,23
Isaaks Tod	35,27
Geschlechtsregister Esaus	36,1
Könige und Fürsten der Edomiter	36,31

III. Josef und seine Brüder

(Kapitel 37,1 – 50,26) 37,1

Josefs Träume 37,1
Josef wird nach Ägypten verkauft 37,12
Juda und Tamar 38,1
Onans Sünde 38,8
Josef in Potifars Haus 39,1
Josef im Gefängnis 39,19
Josef deutet die Träume von zwei Gefangenen 40,1
Josef deutet die Träume des Pharao 41,1
Josefs Erhöhung und Fürsorge für Ägypten 41,37
Josefs Söhne 41,50
Reisen der Söhne Jakobs nach Ägypten 42,1
Josefs Becher im Sack Benjamins 44,1
Josef gibt sich seinen Brüdern zu erkennen 45,1
Jakobs Reise nach Ägypten 46,1
Jakobs Kinder und Enkel 46,8
Jakobs Wiedersehen mit Josef 46,28
Jakob vor dem Pharao 47,1
Die Ägypter verkaufen ihre Habe und sich selbst dem Pharao 47,13
Jakobs letzter Wunsch 47,27
Jakobs Segen über Ephraim und Manasse 48,1
Jakobs Segen über seine Söhne 49,1
Jakobs Tod und Bestattung 49,29
Josefs Edelmut 50,15
Josefs Tod 50,24

Das 2. Buch Mose (Exodus)

I. Israel in Ägypten

(Kapitel 1,1 – 11,10) ab 1,1

Israels Bedrückung in Ägypten 1,6
Moses Geburt und wunderbare Errettung 2,1
Moses Totschlag und Flucht nach Midian 2,11
Moses Ehe 2,16
Moses Berufung und das Erlebnis am brennenden Dornbusch 3,1
Moses Rückkehr nach Ägypten 4,18
Beschneidung des Sohnes Moses 4,24
Mose und Aaron beim Pharao 5,1
Moses Klage vor dem Herrn 5,22
Moses Berufung und Auftrag 6,2
Moses und Aarons Vorfahren 6,14
Moses Wunder vor dem Pharao 7,1
Plagen an den Ägyptern (10 Plagen) 7,14
1. Plage: Verwandlung aller Gewässer in Blut 7,14
2. Plage: Frösche 7,26
3. Plage: Stechmücken 8,12
4. Plage: Stechfliegen 8,16
5. Plage: Viehpest 9,1
6. Plage: Blattern 9,8
7. Plage: Hagel 9,13
8. Plage: Heuschrecken 10,1
9. Plage: Finsternis 10,21
Ankündigung der Tötung der Erstgeburt 11,1
10. Plage: Tod der Erstgeburt Ägyptens 12,29

II. Der Auszug Israels aus Ägypten

(Kapitel 12,1 – 15,21) 12,1

Einsetzung des Passafestes 12,1
Auszug Israels aus Ägypten 12,37
Heiligung der Erstgeburt Israels 13,1
Wolken- und Feuersäule* 13,21
Israels Durchzug durchs Schilfmeer 14,1
Moses Lobgesang 15,1

III. Die Wüstenwanderung zum Berg Sinai

(Kapitel 15,22 – 18,27) 15,22

Israel in Mara und Elim (bitteres Wasser wird süß gemacht) 15,22
Speisung mit Wachteln und Manna 16,1
Israel in Massa und Meriba (Wasser aus dem Felsen)* 17,1
Israels Sieg über die Amalekiter 17,8
Jitros Besuch bei Mose 18,1
Einsetzung von Richtern 18,13

IV. Der Bund Gottes mit seinem Volk am Sinai

(Kapitel 19,1 – 40,38) 19,1

Ankunft Israels am Sinai 19,1
Bundesverheißung und Erscheinung Gottes 19,3
Mose auf dem Sinai* 19,20
Zehn Gebote (Dekalog)* 20,1

Vom rechten Gottesdienst in Israel	20,22
Gesetze über Leibeigenschaft, Vergehen gegen Leib und Leben, Ersatzleistungen u.a.	21,1
„Auge um Auge“ (Jus talionis)	21,24
Gebote der Gerechtigkeit und Nächstenliebe	23,1
Sabbatjahr und Sabbat	23,10
Jahresfeste, Opfervorschriften	23,14
Mahnungen und Verheißungen für die Zukunft	23,20
Bundesschluß am Sinai	24,1
Mose auf dem Sinai*	24,12
Gesetze für die Stiftshütte	25,1
Kleider der Priester	28,1
Weihe der Priester und des Altars	29,1
Das tägliche Opfer	29,38
Steuer für das Heiligtum	30,11
Berufung der Kunsthandwerker für die Stiftshütte	31,1
Gebot der Sabbatfeier	31,12
Das goldene Kalb	32,1
Moses Fürbitte	32,7
Mose begehrt, des Herrn Herrlichkeit zu schauen	33,12
Neue Gesetzestafeln*	34,1
Mose auf dem Sinai*	34,1
Sabbatordnung	35,1
Freiwillige Gaben für die Stiftshütte	35,4
Beauftragung der Kunsthandwerker	35,30
Herstellung des Heiligtums	36,8
Die Bundeslade	37,1
Der Brandopferaltar	38,1
Priesterliche Kleider und Schmuck	39,1
Aufrichtung und Einweihung der Stiftshütte	40,1

Das 3. Buch Mose (Levitikus)

Gesetz über Brandopfer	ab 1,1
Gesetz über Speiseopfer	2,1
Gesetz über Dankopfer	3,1
Gesetz über Sündopfer	4,1
Vom Schuldopfer	5,14
Brand-, Speise- und Sündopfer	6,1
Weitere Opfergesetze	7,1
Aaron und seine Söhne werden Priester	8,1
Nadabs und Abihus Tod und seine Folgen	10,1
Gesetze über Reinheit und Unreinheit	11,1
Gesetze über den Versöhnungstag (der Sündenbock)	16,1
Ehe- und Keuschheitsgesetze	18,1
Gesetze über das Gemeinschaftsleben	19,1
Strafbestimmungen für schwere Sünden	20,1
Gesetze für die Priester	21,1
Gesetze über den Genuß der Opfergaben	22,1
Gesetze über den Sabbat und die jährlichen Feste	23,1
Strafen für Gotteslästerung, Totschlag und Gewalt	24,10
Gesetze über Sabbatjahr und Erlaßjahr	25,1
Segen	26,1
Fluch	26,14
Was man geloben und nach der Schätzung des Priesters ablösen darf und was nicht	27,1

Das 4. Buch Mose (Numeri)

I. Vorbereitungen zum Aufbruch
(Kapitel 1 – 9) ab 1,1

Zählung der Männer für den Heerbann 1,1
Ordnung der Stämme im Lager und unterwegs 2,1
Aarons Familie 3,1
Amt der Leviten 3,5
Geschlechter der Leviten und ihr Dienst 3,14
Auslösung der Erstgeburten 3,40
Dienstordnung für die Leviten beim Aufbruch 4,1
Zählung der Leviten 4,34
Verfahren bei Unreinheit, bei Versündigung und bei Verdacht auf Ehebruch 5,1
Gesetz über die Gottgeweihten (Nasiräer) 6,1
Priesterlicher Segen (heutiger Segen im Gottesdienst) 6,22
Weihegaben der Stammesfürsten 7,1
Von dem goldenen Leuchter 8,1
Weihe der Leviten 8,5
Dienstalter der Leviten 8,23
Vorschriften für die Passafeier 9,1
Wolken- und Feuersäule* 9,15

II. Vom Sinai zur Landesgrenze
(Kapitel 10 – 20) 10,1

Vom Blasen der Trompeten 10,1

Aufbruch des Volkes Israel vom Sinai 10,11
Das murrende Volk wird gestraft* 11,1
Wachteln und „Lustgräber“ 11,31
Mirjam wird aussätzig 12,1
Aussendung und Rückkehr der Kundschafter 13,1
Das murrende Volk wird gestraft* 14,1
Von Speise- und Trankopfern 15,1
Über Sünden aus Versehen und aus Vorsatz 15,22
Aufruhr und Untergang der Rotte Korach 16,1
Empörung der ganzen Gemeinde gegen Mose und Aaron 17,6
Aarons grünender Stab 17,16
Amt und Anrecht der Priester und Leviten 18,1
Vom Reinigungswasser 19,1
Die Asche der roten Kuh 19,1
Mirjams Tod 20,1
Wasser aus dem Felsen 20,2
Die Edomiter verweigern dem Volk Israel den Durchzug 20,14
Aarons Tod* 20,22

III. Vor dem Übergang über den Jordan
(Kapitel 21 – 36) 21,1

Sieg über die Kanaaniter im Südland 21,1
Mose richtet die eherne Schlange auf 21,4
Zug bis an den Arnon und ins Moabiterland 21,10
Sieg über die Könige Sihon und Og 21,21
Bileam soll Israel verfluchen, aber er muß es segnen 22,1

Israels Götzendienst mit dem Baal-Peor 25,1
Neue Zählung der Stämme des Volkes 26,1
Erbrecht der Töchter 27,1
Josua wird zum Nachfolger des Mose bestellt 27,12
Gesetze über die regelmäßigen Opfer des Jahres 28,1
Gesetze über die Verbindlichkeit von Gelübden 30,2
Sieg über die Midianiter 31,1
Verteilung des Ostjordanlandes* 32,1
Verzeichnis der Lagerplätze beim Wüstenzug 33,1
Vertreibung der Kanaaniter 33,50
Grenzen des Landes Kanaan 34,1
Von den Städten der Leviten und den Freistädten 35,1
Gesetze über Mord und Totschlag 35,16
Heirat der Erbtöchter 36,1

Das 5. Buch Mose (Deuteronomium)

I. Rückblick und Ermahnungen Moses
(Kapitel 1 – 4) ab 1,1

Wüstenwanderung vom Horeb bis Kadesch 1,1
Zug durch die Wüste bis zum Sieg über Sihon 2,1
Sieg über Og von Basan 3,1
Verteilung des Ostjordanlandes* 3,12
Mose soll nicht in das gelobte Land kommen 3,23
Ermahnung zum Gehorsam gegen das Gesetz 4,1
Freistädte im Ostjordanland 4,41

II. Verkündigung des Gesetzes
(Kapitel 5 – 28) 5,1

Zehn Gebote (Dekalog)* 5,1
Ermahnung zur Liebe und zum Gehorsam gegen den Herrn 6,1
Warnung vor Gemeinschaft mit den Heiden 7,1
Verheißung des göttlichen Segens 7,12
Wüstenwanderung als Prüfung 8,1
Ermahnung zur Dankbarkeit gegen den Herrn 8,1
Ermahnung zur Demut 9,1
Erinnerung an Israels Untreue 9,7
Anfertigung der Lade 10,1
Neue Gesetzestafeln* 10,1
Aarons Tod* 10,6
Erinnerung an Gottes Wohltaten 11,1
Segen des Gehorsams – Fluch des Ungehorsams 11,8
Wiederholung des Gesetzes mit neuen Akzenten 12,1
Strafe für falsche Propheten und Verführer zum Götzendienst 13,1
Verbot heidnischer Trauergebräuche 14,1
Reine und unreine Speisen 14,3
Abgabe des Zehnten 14,22
Das Erlaßjahr 15,1
Über die Freilassung hebräischer Sklaven 15,12
Von den drei jährlichen Hauptfesten 16,1
Von den Richtern und Amtleuten 16,18
Verbot heidnischer Kultbräuche 16,21
Einsetzung des Obergerichts 17,8
Das Königsgesetz 17,14
Recht der Priester und Leviten 18,1

Von falscher und rechter Prophetie	18,9
Freistädte als Asyl	19,1
Unverletzbarkeit der Grenze	19,14
Kriegsgesetze	20,1
Sühnung eines Mordes von unbekannter Hand	21,1
Ehe mit kriegsgefangenen Frauen	21,10
Vom Recht der Erstgeborenen	21,15
Todesstrafe für ungeratene Söhne	21,18
Bestattung eines Aufgehängten	21,22
Pflichten der Nächstenliebe	22,1
Gesetze zum Schutz der Verleumdeten und Vergewaltigten	22,13
Wer in die Gemeinde des Herrn nicht aufgenommen werden darf	23,2
Reinhaltung des Kriegslagers	23,10
Gebote für das Leben des Volkes	23,16
Ehescheidungsvorschriften	24,1
Recht der Schwachen und Armen	24,6
Prügelstrafe vor Gericht	25,1
Schwagerehe	25,5
Nicht zweierlei Maß und Gewicht	25,13
Ausrottung der Amalekiter	25,17
Darbringung der Erstlingsfrüchte und des Zehnten	26,1
Bundeszusagen	26,16
Denksteine mit dem Gesetz	27,1
Die zwölf Fluchworte	27,11
Ankündigung von Segen und Fluch	28,1

III. Die letzten Verfügungen Moses
(Kapitel 29 – 30) 29,1

Erneuerung des Bundes 29,1
Wahl zwischen Leben und Tod 30,1

IV. Moses letzte Worte und Tod
(Kapitel 31 – 34) 31,1

Mose setzt Josua zu seinem Nachfolger ein 31,1
Lied des Mose 32,1
Gott bereitet Mose auf seinen Tod vor 32,48
Mose segnet die Stämme Israels 33,1
Moses Tod 34,1

Das Buch Josua

I. Eroberung des Landes Kanaan
(Kapitel 1 – 12) ab 1,1

Zurüstung für den Einzug in das verheißene Land 1,1
Kundschafter in Jericho 2,1
Israel geht durch den Jordan 3,1
Die zwölf Gedenksteine 4,1
Beschneidung und Feier des Passa in Kanaan 5,2
Jericho wird erobert und zerstört 6,1
Achans Diebstahl und Bestrafung 7,1

Eroberung der Stadt Ai	8,1
Altarbau und Verkündigung des Gesetzes	8,30
Die List der Gibeoniter	9,1
Sieg über fünf Amoriterkönige	10,1
Sieg am Wasser von Merom	11,1
Das eroberte Land	11,15

II. Verteilung des Landes

(Kapitel 13 – 22)	13,1
Verteilung Kanaans unter die zwölf Stämme	13,1
Die Asylstädte	20,1
Die Levitenstädte	21,1
Der Altar am Jordan	22,10

III. Josua erneuert den Bund mit Gott

(Kapitel 23 – 24)	23,1
Josuas letzte Vermahnung	23,1
Josuas Landtag zu Sichem	24,1
Josuas Tod*	24,29
Bestattung der Gebeine Josefs	24,32
Eleasars Tod	24,33

Das Buch der Richter

Israels Kämpfe bei der Einwanderung	ab 1,1
Strafrede des Engels des Herrn	2,1
Israels Untreue gegen Gott während der Richterzeit	2,6
Josuas Tod*	2,8
Richter Otniël	3,7
Richter Ehud	3,15
Richter Schamgar	3,31
Deboras und Baraks Kampf und Sieg	4,1
Deboras und Baraks Siegeslied	5,1
Gideon zum Richter berufen	6,11
Gideons Sieg über die Midianiter	7,1
Gideons Abgötterei	8,22
Gideons Kinder und Tod	8,28
Abimelechs Königtum	9,1
Jotams Fabel vom Dornstrauch als König der Bäume	9,7
Richter Tola	10,1
Richter Jaïr	10,3
Unterdrückung durch die Amoniter	10,6
Richter Jeftah	11,1
Jeftahs Kampf mit Ephraim	12,1
Richter Ibzan	12,8
Richter Elon	12,11
Richter Abdon	12,13
Simsons Geburt	13,1
Simsons Kampf mit dem Löwen	14,1
Simsons Hochzeit und Rätsel	14,10

Simsons Streit mit den Philistern 15,1
Simson trägt das Stadttor von Gaza weg 16,1
Simson wird von Delila verraten 16,4
Simsons letzte Rache und Tod 16,23
Michas Gottesbild und sein Priester 17,1
Der Stamm Dan erobert Lajisch 18,1
Die Schandtat von Gibea in Benjamin 19,1
Strafgericht am Stamm Benjamin 20,1
Stamm Benjamin erhält Frauen von Israel 21,1

Das Buch Rut

Rut zieht mit Noomi nach Bethlehem ab 1,1
Rut liest Ähren auf dem Feld des Boas 2,1
Rut befolgt Noomis Rat 3,1
Boas heiratet Rut 4,1
Davids Stammbaum 4,17

Das 1. Buch Samuel

I. Samuel

(Kapitel 1 – 7) ab 1,1

Hannas Gebet und Erhöhung 1,1
Samuels Geburt und Weihe 1,20

Lobgesang der Hanna	2,1
Bosheit der Söhne Elis	2,12
Samuels Berufung	3,1
Israels Niederlage gegen die Philister	4,1
Elis Tod	4,12
Die Bundeslade bei den Philistern	5,1
Die Bundeslade kommt zurück	6,1
Samuels Richteramt	7,2

II. Samuel und Saul

(Kapitel 8 – 15)	8,1

Israel begehrt einen König	8,1
Saul kommt zu Samuel	9,1
Samuel salbt Saul zum König	10,1
Saul wird durchs Los zum König gewählt	10,17
Sauls Sieg über die Ammoniter	11,1
Samuel legt sein Richteramt nieder	12,1
Philisterkrieg	13,1
Bruch zwischen Samuel und Saul	13,15
Jonatans Heldentat und Israels Sieg	14,1
Jonatan verstößt gegen ein Gebot Sauls	14,24
Rituelles Vergehen des Volkes	14,31
Jonatans Schuld und Auslösung durch das Volk	14,36
Sauls Kriege und sein Haus	14,47
Sauls Krieg gegen die Amalekiter	15,1
Saul schont Agag, den Amalekiterkönig	15,7
Saul wird von Gott verworfen	15,10
Agags Tod	15,32

III. Samuel und David
(Kapitel 16 – 31) 16,1

David wird von Samuel zum König gesalbt	16,1
David kommt an Sauls Hof	16,14
David und Goliat	17,1
David wird Jonatans Freund	18,1
Sauls Eifersucht auf David	18,5
David gewinnt Sauls Tochter Michal zur Frau	18,17
Jonatan rettet David vor Sauls Nachstellungen	19,1
Sauls Attentat auf David	19,8
David wird von Michal gerettet	19,11
Saul und David bei Samuel	19,18
David und Jonatan befestigen ihren Freundschaftsbund	20,1
Sauls Zorn gegen Jonatan um Davids willen	20,24
Davids Abschied von Jonatan	20,35
David bei den Priestern von Nob	21,1
David bei König Achisch von Gat	21,11
David wird Anführer einer Streifschar	22,1
Saul nimmt Rache an den Priestern von Nob	22,6
David in Keïla	23,1
David in der Wüste Sif	23,14
David schont Saul in der Höhle von En-Gedi	24,1
Samuels Tod	25,1
David und Nabal	25,1b
David und Abigajil	25,3
David verschont Saul zum zweitenmal	26,1
David im Land der Philister	27,1
Saul bei der Totenbeschwörerin in En-Dor	28,3
David wird von den Philistern zurückgeschickt	29,1

Davids Sieg über die Amalekiter 30,1
Sauls Tod und der Tod seiner Söhne* 31,1

Das 2. Buch Samuel

I. David als König über Juda
(Kapitel 1 – 4) ab 1,1

David läßt den Überbringer von Sauls Krone töten 1,1
Davids Klagelied über Saul und Jonatan 1,17
David König über Juda 2,1
Isch-Boschet König von Israel 2,8
Krieg zwischen Juda und Israel bei Gibeon 2,12
Abner tötet Asaël 2,17
Davids Söhne, in Hebron geboren 3,1
Abner geht zu David über 3,6
Abners Tod 3,22
Isch-Boschets Tod 4,1

II. David als König über ganz Israel
(Kapitel 5 – 6) 5,1

David König über ganz Israel* 5,1
David erobert Jerusalem* 5,6
Davids Söhne, in Jerusalem geboren 5,13
Davids Siege über die Philister* 5,17
David holt die Bundeslade nach Jerusalem* 6,1

III. Gottes Zusage und Davids Versagen
(Kapitel 7 – 12) 7,1

Gottes Verheißung für David und sein Königtum* 7,1
Davids Dankgebet* 7,17
Davids Kriege und Siege* 8,1
Davids Großmut gegen Jonatans Sohn Mefi-Boschet 9,1
Davids Kampf mit den Ammonitern* 10,1
Davids Ehebruch und Blutschuld 11,1
David und Batseba 11,1
Nathans Strafrede an David 12,1
Gleichnis vom Schaf des armen Mannes 12,1
David bekennt seine Sünde 12,13
Tod des Kindes der Batseba und Davids 12,15b
Geburt Salomos 12,24
Eroberung von Rabba 12,26

IV. Absaloms Aufstand gegen David
(Kapitel 13 – 19) 13,1

Amnons Schandtat an Absaloms Schwester Tamar 13,1
Absaloms Rache an Amnon 13,23
Absaloms Flucht 13,34
Joab erwirbt Gnade für Absalom 14,1
Absaloms Aufruhr 15,1
Davids Flucht vor Absalom 15,13
David und Ziba 16,1
David wird von Schimi verflucht 16,5
Huschai bei Absalom 16,15
Absalom und Davids Nebenfrauen 16,20

Ahitofels schlauer Rat wird vereitelt	17,1
David in Mahanajim	17,24
Absaloms Tod	18,1
Davids Trauer um Absalom	18,19
Davids Rückkehr nach Jerusalem	19,10
Streit zwischen Juda und Israel um den König	19,42

V. Nachträge. Davids Vermächtnis
(Kapitel 20 – 24) 20,1

Schebas Aufstand und Amasas Tod	20,1
Gibeons Rache an Saul	21,1
David läßt die Gebeine Sauls und seiner Nachkommen bestatten	21,10
Davids Krieger und deren Heldentaten gegen die Philister*	21,15
Davids Danklied*	22,1
Davids letzte Worte	23,1
Davids Helden und ihre Taten*	23,8
Davids Volkszählung wird bestraft*	24,1
Davids Opfer auf der Tenne Araunas*	24,18

Das 1. Buch der Könige

I. Davids Thronfolge

(Kapitel 1 – 2) ab 1,1

Davids Entkräftung 1,1
Adonijas Umtriebe 1,5
Nathan und Batseba bei David wegen
Salomos Thronfolge 1,11
Salomo wird zum König gesalbt 1,32
Adonijas Furcht 1,41
Davids Testament und sein Tod 2,1
Adonijas Tod 2,13
Abjatars Schicksal 2,26
Joabs Tod 2,28
Schimis Ungehorsam und Tod 2,36

II. Salomo

(Kapitel 3 – 11) 3,1

Salomos Ehe mit einer Tochter des Pharao 3,1
Salomos Gebet 3,5
Salomos erste Gotteserscheinung 3,5
Salomos Urteil 3,16
Salomos Beamte und Amtleute 4,1
Salomos Vertrag mit Hiram von Tyrus* 5,15
Tempelbau* 6,1
Salomos Paläste 7,1
Tempeleinweihung* 8,1

Überführung der Bundeslade	8,1
Salomos Weihegebet*	8,12
Salomos Festopfer*	8,54
Salomo wird von Gott ermahnt	9,1
Besuch der Königin von Saba bei Salomo*	10,1
Salomos Reichtum und Herrlichkeit*	10,14
Salomos heidnische Frauen und seine Abgötterei	11,1
Salomos Feinde Hadad und Reson	11,14
Ahijas Verheißung an Jerobeam	11,26
Salomos Tod*	11,41

IIIa. Die Geschichte der getrennten Reiche
(Kapitel 12 – 22) 12,1

Teilung des Reiches*	12,1
Jerobeam König von Israel	12,20
Jerobeams Abgötterei	12,25
Ein Prophet verkündet Jerobeam eine Strafe für seine Abgötterei	13,1
Der Prophet wird für seinen Ungehorsam gestraft	13,11
Jerobeams Tod	14,1
Rehabeam König von Juda	14,21
Rehabeam von Schischak besiegt*	14,25
Abija König von Juda*	15,1
Asa König von Juda*	15,9
Asa wird von Bascha bekriegt*	15,16
Asas Tod*	15,24
Nadab König von Israel	15,25
Bascha König von Israel	15,33
Ela König von Israel	16,8

Simri König von Israel	16,15
Omri König von Israel	16,23
Ahab König von Israel	16,29
Elia am Bach Krit	17,1
Elia bei der Witwe in Zarpat	17,8
Elia und Obadja	18,1
Das Gottesurteil auf dem Karmel	18,21
Elias Gottesbegegnung am Horeb	19,1
Ahabs Siege über die Aramäer	20,1
Nabots Weinberg	21,1
Strafandrohung durch Elia	21,17
Ahab und Joschafat gegen die Aramäer*	22,1
Micha weissagt Niederlage*	22,15
Ahabs Tod	22,29
Joschafat König von Juda	22,41
Ahasja König von Israel	22,52

Das 2. Buch der Könige

IIIb. Die Geschichte der getrennten Reiche – Fortsetzung
(Kapitel 1 – 17) ab 1,1

Ahasja und der Prophet Elia	1,1
Ahasjas Tod	1,16
Elias Himmelfahrt – Elisa tritt seine Nachfolge an	2,1
Elisa macht eine Quelle gesund	2,19
Elisa straft die spottenden Knaben	2,23

Jorams und Joschafats Krieg gegen die Moabiter und die Hilfe Elisas	3,1
Elisa mehrt das Öl der Witwe	4,1
Elisa verheißt der Schunemiterin einen Sohn und erweckt das tote Kind	4,8
Elisa macht schädliche Speise gesund	4,38
Elisa speist viele mit zwanzig Broten	4,42
Elisa heilt Naaman vom Aussatz	5,1
Elisa straft Gehasis Habsucht mit Aussatz	5,19b
Elisa macht ein Eisen schwimmend	6,1
Elisa schlägt die Aramäer mit Blindheit	6,8
Hungersnot in Samaria	6,24
Elisa und die Schunemiterin	8,1
Ben-Hadads Tod	8,7
Hasaël König von Aram	8,13
Joram König von Juda (gottlose Regierung)*	8,16
Ahasja König von Juda (gottlose Regierung)*	8,25
Jehu wird zum König von Israel gesalbt	9,1
Jehu ermordert Joram und Ahasja	9,14
Isebels grausiges Ende	9,30
Jehu rottet das Haus Ahab aus	10,1
Jehu rottet den Baalsdienst aus	10,15
Jehus Tod	10,35
Ataljas Tyrannei und Tod*	11,1
Joasch König von Juda*	12,1
Joasch' Sorge für den Tempel*	12,5
Hasaëls Zug gegen Jerusalem	12,18
Joahas König von Israel	13,1
Joasch König von Israel	13,10
Elisas Weissagung und Tod	13,14
Joasch' Siege über Ben-Hadad	13,22

Amazja König von Juda* 14,1
Joasch von Israel besiegt Amazja 14,8
Jerobeam II. König von Israel 14,23
Asarja oder Usija König von Juda* 15,1
Secharja König von Israel 15,8
Schallum König von Israel 15,13
Menahem König von Israel 15,14
Pekachja König von Israel 15,23
Pekach König von Israel 15,27
Jotam König von Juda* 15,32
Ahas König von Juda* 16,1
Ahas stellt einen heidnischen Tempel auf und baut den Tempel um 16,2
Hoschea letzter König von Israel 17,1
Eroberung Samarias 17,5
Assyrische Gefangenschaft 17,7
Entstehung des Volkes der Samariter 17,24

IV. Die weitere Geschichte des Südreiches
(Kapitel 18 – 25) 18,1

Hiskia König von Juda* 18,1
Sanherib bedroht Jerusalem* 18,13
Hiskias Gebet 19,1
Jesaja verheißt Rettung 19,20
Niederlage der Assyrer 19,35
Hiskias Krankheit und Genesung* 20,1
Hiskias sträfliche Eitelkeit und Tod* 20,12
Manasse König von Juda* 21,1
Amon König von Juda* 21,19

Josia König von Juda* 22,1
Auffindung des Gesetzbuches* 22,8
Befragung der Prophetin Hulda* 22,14
Josia erneuert den Bund mit Gott* 23,1
Josia schafft den Götzendienst ab* 23,4
Josia hält das Passa* 23,21
Josias Tod im Kampf gegen den Pharao Necho* 23,29
Joahas König von Juda* 23,31
Jojakim König von Juda* 23,34
Jojachin König von Juda* 24,8
Erste Wegführung nach Babel 24,10
Zedekia letzter König von Juda* 24,18
Babylonische Gefangenschaft* 25,1
Gedalja, Statthalter von Juda, wird ermordet 25,22
Jojachin wird begnadigt 25,27

Das 1. Buch der Chronik

I. Geschlechtsregister und Familienlisten
(Kapitel 1 – 9) ab 1,1

Stammbäume von Adam bis Saul 1,1

II. Die Geschichte Davids
(Kapitel 10 – 29) 10,1

Sauls Tod und der Tod seiner Söhne* 10,1

David König über ganz Israel*	11,1
David erobert Jerusalem*	11,4
Davids Helden und ihre Taten*	11,10
Davids Mitkämpfer in Ziklag zur Zeit Sauls	12,1
David holt die Bundeslade nach Jerusalem*	13,1
Davids Söhne, in Jerusalem geboren	14,1
Davids Siege über die Philister*	14,8
David holt die Bundeslade nach Jerusalem*	15,1 (Forts.)
Davids Danklied*	16,7
Gottes Verheißung für David und sein Königtum*	17,1
Davids Dankgebet*	17,15
Davids Kriege und Siege*	18,1
Davids Kampf mit den Ammonitern*	19,1
Davids Krieger und deren Heldentaten gegen die Philister*	20,4
Davids Volkszählung wird bestraft*	21,1
Davids Opfer auf der Tenne Araunas*	21,15
Errichtung des Altars	21,18
David überträgt Salomo den Tempelbau	22,2
Dienstordnung der Leviten	23,1
Die 24 Priesterordnungen	24,1
Die Familien der Leviten	24,20
Die 24 Ordnungen der Sänger	25,1
Bestellung der Torhüter	26,1
Die levitischen Schatzmeister	26,20
Die levitischen Amtleute und Richter	26,29
Führer der zwölf Heeresordnungen	27,1
Stammesfürsten	27,16
Hofdiener und Beamte Davids	27,25
Salomo als Davids Nachfolger	28,1

David gibt Salomo den Entwurf des Tempels 28,11
Reiche Beisteuer zum Tempelbau 29,1
Davids Dankgebet* 29,9
Salomo wird König 29,23
Davids Tod 29,26

Das 2. Buch der Chronik

III. Die Geschichte Salomos
(Kapitel 1 – 9) ab 1,1

Salomo opfert zu Gibeon 1,1
Salomos Gotteserscheinung und sein Gebet um Weisheit 1,7
Salomos Heeresmacht und Reichtum 1,14
Salomos Vertrag mit Hiram von Tyrus* 2,1
Tempelbau* 3,1
Herstellung der Tempelgeräte 4,1
Tempeleinweihung* 5,1
Salomos Weihegebet* 6,1
Salomos Festopfer* 7,1
Salomos zweite Gotteserscheinung 7,12
Salomos Städtebau 8,1
Besuch der Königin von Saba bei Salomo* 9,1
Salomos Reichtum und Herrlichkeit* 9,13
Salomos Tod* 9,29

IV. Die Geschichte Judas bis zum Untergang
(Kapitel 10 – 36) 10,1

Teilung des Reiches* 10,1
Rehabeams erste Regierungszeit 11,5
Rehabeam von Schischak besiegt* 12,1
Abija König von Juda* 13,1
Asa König von Juda* 14,1
Mahnrede des Propheten Asarja 15,1
Asa wird von Bascha bekriegt* 16,1
Asas Tod* 16,11
Joschafats fromme Regierung 17,1
Ahab und Joschafat gegen die Aramäer* 18,1
Micha weissagt Niederlage* 18,14
Strafrede des Propheten Jehu 19,1
Joschafats Sieg über die Ammoniter und Moabiter 20,1
Joschafats Bündnis mit Ahasja 20,31
Joram König von Juda (gottlose Regierung)* 21,1
Ahasja König von Juda (gottlose Regierung)* 22,1
Ataljas Tyrannei und Tod* 22,10
Joasch König von Juda* 22,10
Joasch' Sorge für den Tempel* 24,1
Joasch' Abfall von Gott 24,17
Joasch' Strafe und Tod 24,23
Amazja König von Juda* 25,1
Asarja oder Usija König von Juda* 26,1
Jotam König von Juda* 27,1
Ahas König von Juda* 28,1
Hiskia König von Juda* 29,1
Hiskias Erneuerung des Passafestes 30,1

Hiskia ordnet die Versorgung der Priester und Leviten 31,2
Sanherib bedroht Jerusalem* 32,1
Hiskias Krankheit und Genesung* 32,24
Hiskias sträfliche Eitelkeit und Tod* 32,27
Manasse König von Juda* 33,1
Manasses Gefangenschaft und Bekehrung 33,11
Amon König von Juda* 33,21
Josia König von Juda* 34,1
Josia schafft den Götzendienst ab* 34,3
Auffindung des Gesetzbuches* 34,8
Befragung der Prophetin Hulda* 34,22
Josia erneuert den Bund mit Gott* 34,29
Josia hält das Passa* 35,1
Josias Tod im Kampf gegen den Pharao Necho* 35,20
Joahas König von Juda* 36,1
Jojakim König von Juda* 36,4
Jojachin König von Juda* 36,9
Zedekia letzter König von Juda* 36,11
Babylonische Gefangenschaft* 36,17
Ende der babylonischen Gefangenschaft* 36,22

Das Buch Esra

Ende der babylonischen Gefangenschaft* ab 1,1
Verzeichnis der Heimkehrer aus der babylonischen Gefangenschaft 2,1
Wiederherstellung des Opferdienstes 3,1

Tempelbau* 3,8
Behinderung des Tempelbaus 4,1
Wiederaufnahme des Tempelbaus 5,1
Vollendung des Tempelbaus 6,1
Esras Reise nach Jerusalem 7,1
Verzeichnis der mit Esra Zurückgekehrten 8,1
Esras Bußgebet wegen der Mischehen 9,1
Auflösung der Mischehen 10,1

Das Buch Nehemia

I. Der Wiederaufbau durch Nehemia
(Kapitel 1 – 6) ab 1,1

Nehemias Trauer um Jerusalem und sein Gebet 1,1
Nehemia erlangt vom König die Erlaubnis, nach Jerusalem zu reisen 2,1
Nehemia untersucht den Zustand der Mauern von Jerusalem 2,11
Bau der Stadtmauer von Jerusalem 3,1
Maßnahmen zum Schutz des Mauerbaus 3,33
Nehemia beseitigt die Beschwerden der Armen 5,1
Nehemias Uneigennützigkeit 5,14
Nehemia begegnet den Nachstellungen seiner Feinde 6,1
Vollendung des Mauerbaus 6,15

II. Ordnungen und Reformen

(Kapitel 7 – 13) 7,1

Sicherung der Stadt 7,1
Verzeichnis der Heimkehrer aus der babylonischen Gefangenschaft 7,4
Esra liest das Gesetz vor 8,1
Feier des Laubhüttenfestes 8,13
Bußgebet des Volkes* 9,1
Erneuerung des Bundes mit Gott 10,1
Verzeichnis der Einwohner Jerusalems und der Landbewohner 11,1
Listen von Priestern und Leviten 12,1
Einweihung der Stadtmauer Jerusalems 12,27
Aufseher über die Tempelgaben 12,44
Ausscheidung aller Fremden aus dem Gottesvolk 13,1
Nehemia beseitigt Mißstände im Tempel 13,4
Nehemia setzt die Heiligung des Sabbats durch 13,15
Nehemia verbietet die Ehe mit ausländischen Frauen 13,23

Das Buch Ester

König Ahasveros verstößt seine Gemahlin, Königin Wasti ab 1,1
König Ahasveros sucht eine neue Gemahlin 2,1
Ester wird Königin 2,15

Mordechai entdeckt eine Verschwörung gegen den König Ahasveros 2,19
Hamans Anschlag gegen die Juden 3,1
Mordechai bestimmt Ester, beim König für die Juden einzutreten 4,1
Ester geht zum König* 5,1
Haman will Mordechai töten 5,9
Haman muß Mordechai ehren 6,1
Haman wird an den Galgen gehängt 7,1
Wendung zugunsten der Juden 8,1
Rettung und Rache der Juden 9,1
Einführung des Purimfestes 9,20
Mordechais Anschen bei Persern und Juden 10,1

Lehrbücher

Das Buch Hiob

I. Prolog	
(Kapitel 1,1 – 2,10)	ab 1,1
Hiobs Frömmigkeit und Glück	1,1
Satan bittet Gott, Hiob prüfen zu dürfen	1,6
Hiob bewährt sich in schwerer Prüfung	1,6
II. Dialog	
(Kapitel 2,11 – 31,40)	2,11
Hiob wird von drei Freunden besucht	2,11
Hiobs Klage	3,1
Elifas Reden an Hiob	4,1
	15,1
	22,1
Hiobs Antworten an Elifas	6,1
	16,1
	23,1
Bildads Reden an Hiob	8,1
	18,1
	25,1
Hiobs Antworten an Bildad	9,1
	19,1
	26,1

Zofars Reden an Hiob 11,1
20,1
Hiobs Antworten an Zofar 12,1
21,1
Lied von der Weisheit Gottes 28,1
Hiobs früheres Glück 29,1
Hiobs jetziges Unglück 30,1
Hiob beteuert seinen unsträflichen Wandel vor Gott und den Menschen 31,1

III. Elihus Reden
(Kapitel 32,1 – 37,24) 32,1

IV. Gottes Antwort
(Kapitel 38,1 – 42,6) 38,1

Reden des Herrn aus dem Wettersturm 38,1
40,6
Hiobs Antworten an den Herrn 40,1
42,1

V. Epilog
(Kapitel 42,7 – 42,17) 42,7

Gott rechtfertigt Hiob gegenüber seinen Freunden 42,7
Hiobs gesegnetes Ende 42,10

Das Buch der Psalmen

1. Buch	Psalm	von
Der Weg des Frommen – der Weg des Gottlosen	1	
Gottes Sieg und die Herrschaft seines Sohnes	2	
Morgenlied in böser Zeit	3	David
Ein Abendgebet	4	David
Gebet um Leitung und Bewahrung	5	David
Bußgebet in Anfechtung (1. Bußpsalm)	6	David
Gebet eines unschuldig Verfolgten	7	David
Offenbarung der Herrlichkeit Gottes am Menschen	8	David
Danklied für Rettung aus Bedrängnis	9	David
Klage und Zuversicht beim Übermut der Gottlosen	10	
Vertrauen auf Gottes Gerechtigkeit	11	David
Klage über die Macht der Bösen	12	David
Hilferuf eines Angefochtenen	13	David
Die Torheit der Gottlosen	14	David
Wen nimmt Gott an?	15	David
Das schöne Erbteil	16	David
Hilferuf eines Unschuldigen	17	David
Davids Danklied*	18	David
Gottes Herrlichkeit in seiner Schöpfung und in seinem Gesetz	19	David
Gebet des Volkes für seinen König in Kriegsnot	20	David
Gottes Hilfe für den König	21	David
Christi Leidenspsalm	22	David
Der gute Hirte	23	David

Einzug in das Heiligtum	24	David
Gebet um Gottes Vergebung und Leitung	25	David
Bekenntnis und Bitte eines Unschuldigen	26	David
Gemeinschaft mit Gott	27	David
Bitte um Verschonung – Dank für Errettung	28	David
Der große Lobpreis der Herrlichkeit Gottes	29	David
Dank für Rettung aus Todesnot	30	David
In Gottes Händen geborgen	31	David
Vom Segen der Sündenvergebung (2. Bußpsalm)	32	David
Ein Loblied auf Gottes Allmacht und Hilfe	33	
Unter Gottes Schutz	34	David
Gebet um Errettung von boshaften Feinden	35	David
Der Reichtum der Güte Gottes	36	David
Das scheinbare Glück der Gottlosen	37	David
In schwerer Heimsuchung (3. Bußpsalm)	38	David
Bittruf angesichts der menschlichen Vergänglichkeit	39	David
Dank und Bitte	40	David
Gebet in Krankheit	41	David

2. Buch

Verlangen nach Gott aus fremdem Land	42	Söhne Korach
Harren auf Gott, der da hilft	43	
Hat Gott sein Volk verstoßen?	44	Söhne Korach
Lied zur Hochzeit des Königs	45	Söhne Korach
Ein feste Burg ist unser Gott	46	Söhne Korach
Gott ist König über alle Völker	47	Söhne Korach
Gottes Stadt	48	Söhne Korach
Die Herrlichkeit der Reichen ist Trug und Schein	49	Söhne Korach

Der rechte Gottesdienst	50	Asaf
Gott, sei mir Sünder gnädig! (4. Bußpsalm)	51	David
Trostpsalm gegen einen Gewalttäter	52	David
Die Torheit der Gottlosen	53	David
Hilferuf eines Bedrohten	54	David
Klage über falsche Brüder	55	David
Getrostes Vertrauen in schwerer Not	56	David
Vertrauensvolle Bitte in der Anfechtung	57	David
Gott ist noch Richter auf Erden	58	David
Gebet mitten unter den Feinden	59	David
Gebet des verstoßenen Volkes	60	David
Bitte und Fürbitte aus der Ferne	61	David
Stille zu Gott	62	David
Sehnsucht nach Gott	63	David
Bitte um Schutz vor bösen Anschlägen	64	David
Danklied für geistlichen und leiblichen Segen	65	David
Danklied für Gottes wunderbare Führung	66	
Gottes Segen über alle Welt	67	
Der Sieg Gottes	68	David
In Anfechtung und Schmach	69	David
Hilferuf gegen Widersacher	70	David
Bitte um Gottes Hilfe im Alter	71	
Der Friedefürst und sein Reich	72	Salomo

3. Buch

Anfechtung und Trost beim Glück des Gottlosen	73	Asaf
Klage vor dem entweihten Heiligtum	74	Asaf
Gott ist Richter über die Stolzen	75	Asaf
Gott, der furchtbare Richter	76	Asaf

Trost aus Gottes früheren Taten	77	Asaf
Schuld, Gericht und Gnade in Israels Geschichte	78	Asaf
Gebet des Volkes in schwerer Kriegsnot	79	Asaf
Gebet für den zerstörten „Weinstock Gottes“	80	Asaf
Die wahre Festfeier	81	Asaf
Der höchste Richter	82	Asaf
Gebet gegen einen Bund von Feinden des Gottesvolkes	83	Asaf
Freude am Hause Gottes	84	Söhne Korach
Bitte um neuen Segen	85	Söhne Korach
Gebet in Bedrängnis	86	David
Zion wird die Mutter der Völker	87	Söhne Korach
Gebet in großer Verlassenheit und Todesnähe	88	Söhne Korach
Israels Not und die Verheißung an David	89	Etan

4. Buch

Zuflucht in unserer Vergänglichkeit	90	Mose
Unter Gottes Schutz	91	
Freude am Lob Gottes	92	
Der ewige König	93	
Hilferuf gegen die Unterdrücker des Volkes Gottes	94	
Aufruf zur Anbetung und zum Gehorsam	95	
Der Schöpfer und Richter aller Welt	96	
Freude am Königtum Gottes	97	
Der königliche Richter aller Welt	98	
Der heilige Gott	99	

Ein Aufruf zum Lobe Gottes	100	
Regentenspiegel	101	David
Gebet um Wiederherstellung Zions (5. Bußpsalm)	102	
Das Hohelied der Barmherzigkeit Gottes	103	David
Lob des Schöpfers	104	
Lob Gottes für seine Heilstaten in Israels Frühzeit	105	
Gottes Gnade und Israels Undank	106	

5. Buch

Danklied der Erlösten	107	
Lob Gottes und Zuversicht in Kriegsnot	108	David
Ein Ruf zu Gott gegen erbarmungslose Widersacher	109	David
Der ewige König und Priester	110	David
Preis der Gottesgnade	111	
Preis der Gottesfurcht	112	
Gottes Hoheit und Huld	113	
Gottes Wunder beim Auszug aus Ägypten	114	
Gott allein die Ehre!	115	
Dank für Rettung aus Todesgefahr	116	
Aufruf an die Völker zum Lob Gottes	117	
Dankbares Bekenntnis zur Hilfe Gottes	118	
Die Herrlichkeit des Wortes Gottes (Das güldene ABC)	119	
Hilferuf gegen Verleumder	120	
Der treue Menschenhüter	121	
Ein Segenswunsch für Jerusalem	122	David
Aufblick zu Gottes Gnade	123	

Der Helfer in der Not	124	David
Der Herr ist um sein Volk her	125	
Der Herr erlöst seine Gefangenen	126	
An Gottes Segen ist alles gelegen	127	Salomo
Gesegneter Hausstand	128	
Hilferuf des bedrängten Israel	129	
Aus tiefer Not (6. Bußpsalm)	130	
Kindliche Ergebung	131	David
Davids Haus und das Heiligtum auf Zion	132	
Segen der brüderlichen Eintracht	133	David
Nächtliches Loblied im Tempel	134	
Anbetung des lebendigen Gottes	135	
Gottes Wunder in seiner Schöpfung und in der Geschichte seines Volkes	136	
Klage der Gefangenen zu Babel	137	
Dank für Gottes Hilfe	138	David
Gott der Allwissende und Allgegenwärtige	139	David
Bitte um Rettung vor boshaften Feinden	140	David
Bitte um Bewahrung	141	David
Hilferuf in schwerer Bedrängnis	142	David
Bitte um Verschonung und Leitung (7. Bußpsalm)	143	David
Gebet um Rettung und Wohlstand	144	David
Gottes ewige Güte	145	David
Gottes ewige Treue	146	
Gottes Walten in der Schöpfung und in der Geschichte Israels	147	
Gottes Lob im Himmel und auf Erden	148	
Zion lobe den Herrn!	149	
Das große Halleluja	150	

Das Buch der Sprüche Salomos

Einleitung ab 1,1

I. Prolog
(Kapitel 1,8 – 9,18) 1,8

Warnung vor Verführung und Unerfahrenheit 1,8
Strafe der Ungehorsamen 1,20
Segen des Trachtens nach Weisheit 2,1
Wert der Gottesfurcht und Weisheit 3,1
Die Mahnung zur Weisheit 4,1
Warnung vor Unzucht 5,1
Die Weisheit im täglichen Leben 6,1
Warnung vor Ehebruch 6,20
Die Weisheit als Gabe Gottes 8,1

II. Die erste salomonische Spruchsammlung
(Kapitel 10,1 – 22,16) 10,1

III. Spruchsammlung der Weisen
(Kapitel 22,17 – 24,34) 22,17

Lebensregeln 24,1

IV. Die zweite salomonische Spruchsammlung
(Kapitel 25,1 – 29,27) 25,1

V. Worte Agurs
(Kapitel 30,1 – 30,14) 30,1

Agurs Bekenntnis 30,1
Agurs Bitte 30,7

VI. Zahlensprüche
(Kapitel 30,15 – 30,33) 30,15

VII. Die Worte an Lemuel
(Kapitel 31,1 – 31,9) 31,1

VIII. Das Lob der tüchtigen Frau
(Kapitel 31,10 – 31,31) 31,10

Das Buch Prediger Salomo (Kohelet)

Einleitung	ab 1,1

I. Teil
(Kapitel 1,4 – 6,12)

Prolog	1,4
Das Leben Salomos	1,12
Alles hat seine Zeit, Gott besteht	3,1
Das Zusammenleben	4,1
Über Armut und Reichtum	5,7

II. Teil
(Kapitel 7,1 – 12,14)

Alte Spruchweisheiten – kritisch überprüft	7,1
Allerlei Weisheitssprüche	10,1
Epilog	12,9

Das Hohelied Salomos

Liebe des Freundes und der Freundin	ab 1,1
Sehnsucht der Freundin	2,1
Treue der Freundin	3,1

Herrlichkeit des Freundes 3,6
Vorzüge der Freundin 4,1
Sehnsuchtstraum der Freundin 5,1
Die Schönheit des Freundes 5,8
Freude der Wiedervereinigung 6,1
Wechselgespräch 7,1
Die Treue der für immer Vereinten 8,1

Prophetische Bücher

Das Buch Jesaja

I. Protojesaja

(Kapitel 1 – 39) ab 1,1

Gottes Anklage gegen das abtrünnige Volk 1,2
Gottes Gericht zur Läuterung Jerusalems 1,21
Das künftige Friedensreich 2,1
Gottes Gericht über Macht und Stolz 2,6
Gottes Gericht über die Herren Jerusalems und seine eitlen Frauen 3,1
Heil der Endzeit 4,2
Weinberglied 5,1
Weherufe über die Sünden der Großen (sechs) 5,8
Gott ruft die Feinde ins Land zum Endgericht 5,25
Jesajas Berufung zum Propheten 6,1
Jesaja ruft den König Ahas zum Glauben 7,1
Immanuelszeichen 7,10
Strafgericht durch die Assyrer 7,17
Der Sohn des Propheten Jesaja als Zeichen des Gerichts über Aram und Israel 8,1
Gericht über Juda und die Völker 8,5
Jesaja und seine Jünger 8,16
Verheißung des Friedefürsten 9,1
Gottes Gericht über das unbußfertige Nordreich 9,7
Assurs Übermut und Demütigung 10,5

Errettung eines Restes von Israel	10,20
Der Messias und sein Friedensreich	11,1
Danklied der Erlösten*	12,1
Gottes Gericht über Babel*	13,1
Sturz des Königs von Babel	14,1
Assur wird zerschmettert	14,24
Warnung an die Philister	14,28
Weissagung gegen Moab*	15,1
Weissagung gegen Damaskus*	17,1
Weissagung gegen Israel	17,4
Das brausende Völkermeer	17,12
Gottes Botschaft an das Land Kusch	18,1
Weissagung gegen Ägypten*	19,1
Bekehrung Ägyptens und Assyriens	19,18
Weissagung des Sieges der Assyrer über Ägypten und Kusch	20,1
Weissagung gegen Babel	21,1
Weissagung gegen Edom*	21,11
Weissagung gegen Arabien	21,13
Strafrede gegen Jerusalem	22,1
Schebna wird gestürzt	22,15
Eljakims Untergang	22,20
Gottes Gericht über Tyrus und Sidon	23,1
Gottes Gericht über die Erde	24,1
Danklied der Erlösten*	25,1
Freudenmahl der Völker auf Zion	25,6
Jubellied des Volkes Gottes	26,1
Israels Erlösung	27,1
Gottes Gericht über Samaria	28,1
Gottes Gericht über die Priester und Propheten in Jerusalem	28,7

Gleichnis vom Ackermann 28,23
Weissagung gegen Ariel 29,1
Gegen das leichtfertige Vertrauen auf Hilfe Ägyptens 30,1
Gegen die Verächter des göttlichen Wortes 30,8
Gottes Gericht über Assyrien 30,27
Nicht Ägypten, sondern der Herr rettet Jerusalem 31,1
Glücklicher Zustand des Volkes 32,1
Rettung Zions vor dem Verwüster 33,1
Gottes Gericht über Edom* 34,1
Heimkehr des erlösten Volkes 35,1
Jerusalem von Sanherib bedroht und wunderbar errettet 36,1
Hiskias Krankheit und Genesung* 38,1
Hiskias Danklied 38,9
Hiskia und die Gesandten aus Babel 39,1

II. Deuterojesaja
(Kapitel 40 – 55) 40,1

Des Herrn tröstendes Wort für sein Volk 40,1
Israels unvergleichlicher Gott 40,12
Die Völker vor dem Weltenrichter 41,1
Der Knecht Gottes das Licht der Welt* 42,1
Gott erlöst sein Volk 43,1
Gott führt sein Volk aus Babel 43,14
Gott tilgt Israels Sünde 43,22
Torheit des Götzendienstes* 44,6
Freude über die Erlösung 44,21

Kyrus als Werkzeug Gottes	44,24
Gegen die Vermessenen in Israel	45,9
Verheißung der Herrlichkeit Gottes in aller Welt	45,14
Sturz der babylonischen Götzen	46,1
Gottes Gericht über Babel*	47,1
Gnade über das abtrünnige Israel	48,1
Die Stunde der Erlösung Israels ist gekommen	48,12
Der Knecht Gottes das Licht der Welt*	49,1
Wiederherstellung Israels	49,7
Der Knecht Gottes im Leiden	50,4
Gottes Verheißung und Tröstung	51,1
Weckruf Gottes an das erniedrigte Jerusalem	51,17
Gott ruft sein Volk in die Freiheit	52,1
Der leidende Gottesknecht und seine anschließende Erhöhung durch Gott	52,13
Gott verheißt seinem Volk eine neue Gnadenzeit	54,1
Einladung zum Gnadenbunde Gottes	55,1

III. Tritojesaja

(Kapitel 56 – 66)	56,1

Die Gemeinde Gottes wächst über ihre Grenzen	56,1
Klage über die Hirten des Volkes	56,9
Das Geschick der Gottlosen und der Frommen	57,1
Gnadenverheißung	57,14
Falsches und echtes Fasten	58,1
Segen der Sabbatheiligung	58,13
Gott überwindet die Sünde seines Volkes	59,1
Zions zukünftige Herrlichkeit*	60,1

Die frohe Botschaft der kommenden Herrlichkeit 61,1
Zions zukünftige Herrlichkeit* 62,1
Gottes Gericht über Edom* 63,1
Bußgebet des Volkes* 63,7
Verstoßung der Abtrünnigen, gnädige Annahme der Getreuen 65,1
Verheißung eines neuen Himmels und einer neuen Erde 65,17
Strafe der Heuchler 66,1
Das zukünftige Heil Jerusalems 66,5
Gottes Gericht über die Gottlosen 66,15
Heimkehr der Zerstreuten 66,18

Das Buch Jeremia

I. Gerichtsworte über Jerusalem, Israel und Juda
(Kapitel 1 – 29) ab 1,1

Jeremias Berufung 1,1
Das untreue Gottesvolk 2,1
Schuldspruch und Verheißung über Israel und Juda 3,6
Israels Umkehr 3,21
Der Feind aus dem Norden wird das Land verheeren 4,5
Dem sündigen Volk kann nicht mehr vergeben werden 5,1
Tempelrede* 7,1

Gegen falschen Gottesdienst 7,16
Gegen das verblendete Volk und seine Verführer 8,4
Trauer des Propheten Jeremia 8,14
Jeremias Klage über sein Volk 9,1
Die toten Götzen und der lebendige Gott 10,1
Der Bundesbruch des Volkes und Gottes Gericht 11,1
Anschlag der Leute von Anatot auf Jeremia 11,18
Jeremias Anstoß am Glück der Gottlosen und Gottes Antwort 12,1
Weissagung über benachbarte Völker Israels 12,14
Der verdorbene Gürtel 13,1
Die gefüllten Weinkrüge 13,12
Vergebliche Bitte bei Dürre und Kriegsnot 14,1
Jeremias Klage über sein Amt 15,10
Jeremias Leben als Zeichen 16,1
Heil und Gericht für Israel und für die Völker 16,14
Jeremias Gebet in Anfechtung 17,14
Ermahnung zur Sabbatheiligung 17,19
Gleichnis vom Töpfer 18,1
Jeremias Gebet gegen seine Feinde 18,18
Der zerschmetterte Krug 19,1
Jeremias Mißhandlung durch Paschhur 19,14
Last des Prophetenamtes 20,7
Jeremia kündigt Zedekia die Zerstörung Jerusalems an 21,1
Gegen die bösen Hirten 23,1
Worte über die falschen Propheten 23,9
Vision von den zwei Feigenkörben 24,1
Die siebzigjährige Gefangenschaft bis zum Untergang Babels 25,1
Tempelrede* 26,1

Jeremias Gefangennahme und Freilassung 26,7
Hinrichtung des Propheten Uria 26,20
Jeremias Predigt vom Joch Nebukadnezars 27,1
Jeremia und der Lügenprophet Hananja 28,1
Jeremias Brief an die Weggeführten in Babel* 29,1

II. Heilsworte
(Kapitel 30 – 35) 30,1

Israels und Judas Befreiung aus der Gefangenschaft 30,1
Verheißung des neuen Bundes 31,1
Jeremia kauft einen Acker 32,1
Wiederherstellung Jerusalems und Judas 33,1
Zedekia vor der Entscheidung 34,1
Wortbruch an den freigelassenen Sklaven 34,8
Gehorsam der Rechabiter 35,1

III. Die Berichte Baruchs
(Kapitel 36 – 45) 36,1

Baruchs Schriftrolle 36,1
Jeremia warnt den König Zedekia 37,1
Jeremia wird gefangengesetzt 37,11
Zedekia befragt heimlich Jeremia 37,17
Jeremia in der Zisterne 38,1
Jeremia wird bei der Eroberung Jerusalems befreit 39,1

Zedekia wird geblendet, seine Kinder vor seinen Augen getötet 39,4
Jeremia beim Statthalter Gedalja 40,1
Jismael ermordet Gedalja 41,1
Jeremia warnt vergeblich vor Ägypten 42,1
Jeremia wird nach Ägypten verschleppt 43,1
Jeremia weissagt den Einfall Nebukadnezars in Ägypten 43,8
Jeremia warnt vor der erneuten Verehrung der Himmelskönigin 44,1
Mahn- und Trostworte an Baruch 45,1

IV. Strafgericht Gottes über die Völker
(Kapitel 46 – 51) 46,1

Weissagung gegen Ägypten* 46,1
Weissagung gegen die Philister 47,1
Weissagung gegen Moab* 48,1
Weissagung gegen Ammon 49,1
Weissagung gegen Edom* 49,7
Weissagung gegen Damaskus* 49,23
Weissagung gegen arabische Stämme 49,28
Weissagung gegen Elam 49,34
Weissagung vom Untergang Babels und von der Erlösung Israels 50,1

V. Zerstörung Jerusalems
(Kapitel 52) 52,1

Zerstörung Jerusalems und die Wegführung in die Gefangenschaft nach Babel 52,1
Begnadigung des Königs Jojachin 52,31

Das Buch der Klagelieder Jeremias

Jerusalem klagt und fleht um Hilfe ab 1,1
Klage über die Verwüstung Judas und Jerusalems 2,1
Klage und Trost eines Leidenden 3,1
Zions Elend und Schmach 4,1
Gebet des Volkes in seiner tiefsten Erniedrigung 5,1

Das Buch Hesekiel

I. Hesekiels Berufung
(Kapitel 1 – 3) ab 1,1

Hesekiel schaut die Herrlichkeit des Herrn 1,1
Hesekiels Berufung 2,1
Hesekiel wird zum Wächter über Israel bestellt 3,12

II. Das Gericht Gottes über Jerusalem
(Kapitel 4 – 24) 4,1

Bildliche Darstellung des Gerichts über Jerusalem 4,1
Zeichenhandlung: Verbrennung der Barthaare 5,1
Die kommende Verwüstung des Landes 6,1
Greuel des Götzendienstes im Tempel 8,1
Die Heimsuchung Jerusalems 9,1
Die Herrlichkeit Gottes über den Cherubim 10,1
Gottes Gericht über die Obersten des Volkes 11,1
Zeichenhandlung der Ausreise 12,1
Gegen die Verächter der Weissagung 12,21
Gegen die falschen Propheten und Prophetinnen 13,1
Gegen den Götzendienst 14,1
Gleichnis vom unbrauchbaren Rebholz 15,1
Jerusalem – ein treuloses Weib 16,1
Gleichnis vom Zedernwipfel und vom Weinstock 17,1
Gott richtet jeden nach seinem Tun und fordert Umkehr 18,1
Klagelied über das Geschick des Königshauses 19,1
Israels Ungehorsam in Vergangenheit und Gegenwart 20,1
Gleichnis vom Waldbrand 21,1
Der König von Babel am Scheideweg 21,23
Das Schwert über Ammon 21,33
Jerusalems Blutschuld und Schandtaten 22,1
Gleichnis vom Schmelzofen 22,17
Gleichnis von den zuchtlosen Schwestern Ohola und Oholiba 23,1
Gleichnis vom rostigen Topf 24,1

Verhalten des Propheten Hesekiel beim Tod seiner Frau – ein Zeichen 24,15

III. Das Gericht Gottes über die Völker
(Kapitel 25 – 32) 25,1

Gottes Gericht über Ammon 25,1
Gottes Gericht über Moab 25,8
Gottes Gericht über Edom* 25,12
Gottes Gericht über die Philister 25,15
Gottes Gericht über Tyrus 26,1
Klagelied über Tyrus 27,1
Gottes Gericht über den König von Tyrus 28,1
Klagelied über den König von Tyrus 28,11
Gottes Gericht über Sidon 28,20
Israels Heil nach dem Gericht 28,25
Ägyptens Untergang 29,1
Ägypten als Lohn für Nebukadnezar 29,17
Gottes Gericht über Ägypten 30,1
Der Pharao – ein gestürzter Zedernbaum 31,1
Klagelieder über den Pharao und über Ägypten 32,1

IV. Rettung und Erneuerung Israels
(Kapitel 33 – 39) 33,1

Das Wächteramt des Propheten 33,1
Die schlechten Hirten und der rechte Hirt 34,1
Gottes Gericht über Edom* 35,1
Verheißung für die Berge Israels 36,1

Israel, das Totenfeld, wird durch Gottes Odem lebendig 37,1
Weissagung gegen Gog und Magog 38,1
Die Gesichte von der künftigen Gottesstadt 40 – 48

Das Buch Daniel

I. Daniel und seine Freunde
(Kapitel 1 – 6) ab 1,1

Daniel und seine Freunde am babylonischen Hof 1,1
Nebukadnezars Traum von den vier Weltreichen 2,1
Daniels Traumdeutung 2,16
Die drei Männer im Feuerofen 3,1
Nebukadnezars Traum vom Baum 3,31
Daniel deutet Nebukadnezars Traum vom Baum 4,16
Nebukadnezars Wahnsinn und Umkehr 4,25
Belsazars Gastmahl 5,1
Die Geisterschrift an der Wand 5,5
Daniel deutet die Geisterschrift 5,17
Daniel in der Löwengrube 6,1

II. Daniel schaut in die Zukunft
(Kapitel 7 – 12) 7,1

Daniels Gesicht von den vier Tieren 7,1

Aufrichtung des messianischen Reichs 7,9
Daniels Gesicht vom Widder und Ziegenbock 8,1
Daniels Bußgebet für sein Volk 9,1
Gabriel offenbart Daniel das Geheimnis der siebzig (Jahr-)Wochen 9,20
Vorbereitung und Empfang einer letzten Offenbarung und Versiegelung des Buches 10,1
Geschichte des Antiochus Epiphanes 11,21

Das Buch Hosea

Hoseas Ehe – das Zeichen für die Untreue Israels ab 1,1
Gottes Treue überwindet Israels Untreue 2,1
Strafrede gegen die Priester und gegen den Götzendienst Israels 4,1
Drohung gegen die Führer Israels 5,1
Bruderkrieg zwischen Ephraim und Juda 5,8
Gegen Israels Könige und ihre Bündnisse 6,7
Israels falscher Gottesdienst 8,1
Israels Undank gegen Gottes Wohltaten 9,10
Gottes Gericht über Königtum und Götzendienst 10,1
Gottes heilige Liebe 11,1
Urbild des Stammvaters Jakob 12,1
Gottes Gericht über Ephraim 13,1
Samarias Zerstörung 13,15
Mahnung zur Umkehr 14,2
Verheißung des kommenden Heils 14,5

Das Buch Joel

Heuschreckenplage und der Tag des Herrn	ab 1,1
Gottes Gnadenzusage	2,18
Ausgießung des heiligen Geistes*	3,1
Gottes Gericht über die Heiden	4,1
Segenszeit für Juda	4,18

Das Buch Amos

Gottes unabwendbares Gericht über Israels Nachbarn und über sein eigenes Volk	ab 1,1
Völkersprüche	1,3
Erwählung und Bestrafung	3,1
Wenn Gott redet, kann der Prophet nicht schweigen	3,3
Ankündigung des Gerichts über Samaria	3,9
Gegen die Frauen von Samaria	4,1
Israels Selbstbetrug, Verstocktheit und Bestrafung	4,4
Klagelied über Israel	5,1
Gegen die Unterdrücker	5,4
Der Tag des Herrn ist ein Tag des Gerichts	5,18
Gegen veräußerlichten Gottesdienst und Opferkult	5,21
Gegen Selbstsicherheit und Schwelgerei der Vornehmen in Israel	6,1

Vision von den Heuschrecken 7,1
Vision von der Dürre 7,4
Vision vom Senkblei 7,7
Amos wird aus Bethel ausgewiesen 7,10
Vision vom Korb mit dem reifen Obst 8,1
Gegen den Wucher der Ausbeuter 8,4
Vision von Gott über dem Altar 9,1
Künftiges Heil des Gottesvolkes 9,11

Das Buch Obadja

Weissagung gegen Edom* ab 1,1
Wiedereinsetzung Israels in sein Land 1,17

Das Buch Jona

I. Ein Prophet flieht vor Gott
(Kapitel 1 – 2) ab 1,1

Jonas Berufung und Flucht vor Gott 1,1
Jonas Bestrafung 1,7
Jonas Gebet und Errettung 2,1

II. Gott beschämt seinen Propheten
(Kapitel 3 – 4) 3,1

Jonas Predigt und Ninives Buße 3,1
Jonas Unmut und Gottes Antwort 4,1

Das Buch Micha

Gott erscheint zum Gericht über Israel und Juda ab 1,1
Unheil kommt über die Städte Judas 1,8
Weheruf über die Machthaber, die das Volk berauben 2,1
Verheißung des künftigen Heils 2,12
Gegen die führenden Männer in Juda 3,1
Das kommende Friedensreich Gottes 4,1
Christi Geburtsstadt und Reich 5,1
Der rechte Gottesdienst 6,1
Gegen Lug und Trug in Jerusalem 6,9
Klage über die Verderbnis des Volkes 7,1
Hoffnung der Gemeinde auf Gottes Gnade 7,8

Das Buch Nahum

Gottes Gericht über Ninive ab 1,1
Weissagung der Zerstörung Ninives 2,2
Untergang der großen Hure Ninive 3,1

Das Buch Habakuk

Klage über das Unglück in der Welt	ab 1,1
Gottes Gericht durch die Chaldäer	1,5
Frage des Propheten Habakuk nach Gottes Gerechtigkeit	1,12
Gottes tröstliche Antwort	2,1
Habakuks Psalm	3,1

Das Buch Zefanja

Der Tag des Zornes Gottes	ab 1,1
Mahnung zur Demut	2,1
Drohung gegen das gottlose Jerusalem	3,1
Verheißung für das arme und geringe Volk in Israel	3,9

Das Buch Haggai

Aufruf zum Tempelbau	ab 1,1
Weissagung von der künftigen Herrlichkeit des zweiten Tempels	2,1
Können unheilige Menschen den Tempel bauen?	2,10
Ermutigung zum Weiterbau des Tempels	2,15
Serubbabels Erhöhung	2,20

Das Buch Sacharja

I. Die Visionen Sacharjas
(Kapitel 1 – 6) ab 1,1

Ermahnung zur Buße 1,1
Vision von dem Mann auf dem roten Pferd 1,7
Vision von den vier Hörnern und den vier Schmieden 2,1
Vision von dem Mann mit der Meßschnur 2,5
Die neue Zeit für Israel und die Völker 2,10
Vision von dem Hohepriester Jeschua 3,1
Vision von dem goldenen Leuchter und den zwei Ölbäumen 4,1
Verheißung über Serubbabel 4,6
Deutung der Vision von dem goldenen Leuchter und den zwei Ölbäumen 4,11
Vision von der fliegenden Schriftrolle 5,1
Vision von der Frau in der Tonne 5,5
Vision von den vier Wagen 6,1
Krönung Jeschuas 6,9

II. Über Fasten und Tempelbau
(Kapitel 7 – 8) 7,1

Fastenfrage 7,1
Gottes Gericht über die Unbrüderlichkeit 7,7
Ausblick auf das messianische Heil 8,1
Antwort auf die Fastenfrage 8,18

III. Das künftige Heil Jerusalems
(Kapitel 9 – 14) 9,1

Demütigung der Heiden 9,1
Verheißung des messianischen Friedensreiches 9,9
Der rechte Helfer 10,1
Gegen die treulosen Hirten des Volkes 11,4
Gottes Schutz für Jerusalem 12,1
Klage über den Durchbohrten 12,9
Ausrottung des Götzendienstes und der falschen Propheten 13,1
Jerusalem und die Völkerwelt am Tage des Herrn 14,1

Das Buch Maleachi

Gottes Liebe zu Israel ab 1,1
Verachtung Gottes durch minderwertige Opfer 1,6
Strafrede gegen die Priester 2,1
Gegen Ehen mit heidnischen Frauen und gegen Ehescheidungen 2,10
Gottes Gericht kommt bald 2,17
Der Tag des Herrn und sein Vorläufer 3,13

APOKRYPHEN

Das Buch Judit

I. Der Feldzug des Holofernes
(Kapitel 1 – 6) ab 1,1

Nebukadnezar besiegt Arphaxad 1,1
Nebukadnezar beschließt einen Feldzug gegen die unbotmäßigen Völker 1,7
Holofernes beginnt den Feldzug 2,7
Unterwerfung der meisten Völker 3,1
Die Juden wollen sich wehren und tun Buße 4,1
Der Ammoniter Achior gibt Bericht über die Juden 5,1
Achior wird nach Betulia zu den Juden gebracht 6,1

II. Holofernes belagert Betulia
(Kapitel 7) 7,1

III. Judit
(Kapitel 8 und 9) 8,1

Judit ruft auf zum Warten auf Gottes Hilfe 8,1
Judit betet um Gottes Hilfe 9,1

IV. Judit und Holofernes
(Kapitel 10 – 13) 10,1

Judit geht zu Holofernes 10,1
Judit redet mit Holofernes 11,1
Judit darf jede Nacht das Lager zum Gebet verlassen 12,1
Judit tötet Holofernes 13,1
Judit kehrt heim 13,12

V. Der Sieg
(Kapitel 14 – 16) 14,1

Judit rät zum Angriff gegen das assyrische Lager 14,1
Die Assyrer entdecken den Tod des Holofernes 14,7
Die Assyrer werden von den Juden geschlagen 15,1
Judit dankt Gott und feiert den Sieg 16,1
Judits Alter und Tod 16,22

Die Weisheit Salomos

I. Die Weisheit und das Schicksal des Menschen
(Kapitel 1 – 5) ab 1,1

Ruf zur Gerechtigkeit und Weisheit 1,1
Ruf zum Leben 1,11
Der Gottlosen Gedanken über das Leben 2,1
Der Gottlosen Irrtum 2,21
Hoffnung des Gerechten 3,1
Hoffnungslosigkeit des Gottlosen 3,10

Auch der Gerechte kann kinderlos sein 3,13
Der frühe Tod des Gerechten 4,7
Der Gerechte und der Gottlose im Endgericht 5,1

II. Ursprung, Wesen und Wirken der Weisheit. Der Weg, sie zu erlangen
(Kapitel 6 – 9) 6,1

Die Regenten werden zur Weisheit ermahnt 6,2
Salomo empfängt und erfährt die Weisheit 7,1
Salomos Lebensbund mit der Weisheit 8,2
Salomos Gebet um Weisheit 9,1

III. Die Weisheit und Gott in der Geschichte
(Kapitel 10 – 19) 10,1

Das rettende Walten der Weisheit von Adam bis Mose 10,1
Gottes Erbarmen mit seiner Schöpfung 11,17
Gottes Nachsicht in der Bestrafung der Kanaaniter 12,2
Torheit des Götzendienstes 13,1
Plage durch Hunger – Speisung mit Wachteln 16,1
Plage durch Tod durch Insektenstiche – Rettung vom Schlangenbiß 16,5
Plage mit Unwetter – Speisung mit Manna 16,15
Plage durch Finsternis – Licht und Feuersäule 17,1
Plage durch Tod der Erstgeburt – Rettung aus Todesnot 18,5

Untergang der Ägypter im Roten Meer – Rettung der Israeliten 19,1
Schlußwort 19,17

Das Buch Tobias

Des Tobias Frömmigkeit, Unglück und Gebet ab 1,1
Saras Not und Gebet 3,7
Des Tobias Vermächtnis 4,1
Der Begleiter des jungen Tobias 5,1
Tobias nimmt Abschied von seinen Eltern 5,24
Tobias, der große Fisch und der Rat des Engels 6,1
Tobias vermählt sich mit Sara 7,1
Hochzeitsnacht und Freudenmahl des Tobias und der Sara 8,1
Gabaël auf der Hochzeit von Tobias und Sara 9,1
Sorge der Eltern um ihren Sohn Tobias 10,1
Tobias verabschiedet sich von Raguël 10,9
Tobias kehrt heim und heilt seinen Vater 11,1
Rafaels Geheimnis 12,1
Lobgesang des Tobias 13,1
Des Tobias letzte Mahnungen 14,1
Des Tobias letzte Jahre 14,14

Das Buch Jesus Sirach

Vorrede des Übersetzers Vorrede 1

I. Spruchsammlung
(Kapitel 1 – 42,14) ab 1,1

Vom göttlichen Ursprung der Weisheit 1,1
Gottesfurcht als Wurzel menschlicher Weisheit 1,11
Mahnung zum Gehorsam 1,31
Vom Verhalten in der Anfechtung 2,1
Vom rechten Verhalten gegen die Eltern 3,1
Von der Demut* 3,19
Von starrköpfigem und vernünftigem Verhalten 3,27
Vom rechten Verhalten gegen die Armen 4,1
Vom Wert der Weisheit 4,12
Vom mutigen Auftreten 4,23
Warnung vor gefährlicher Sicherheit 5,1
Warnung vor Verfehlungen der Zunge 5,11
Warnung vor wilder Leidenschaft 6,2
Vom Umgang mit Freunden 6,5
Vom Streben nach der Weisheit 6,18
Warnung vor Ehrgeiz 7,4
Warnung vor Hochmut 7,7
Von den Pflichten des Hausvaters 7,20
Von der Anteilnahme am Nächsten 7,36
Vom rechten Verhalten gegen die Mitmenschen 8,1
Vorsicht im Umgang mit Frauen 9,1
Vorsicht im Umgang mit Menschen 9,14
Von weisen Regenten 9,24

Warnung vor Überheblichkeit 10,6
Vom rechten Ruhm 10,23
Vorsicht beim Richten 11,7
Von Wert und Unwert des Reichtums 11,10
Vorsicht gegenüber Fremden 11,30
Vorsicht beim Wohltun 12,1
Vorsicht vor falschen Freunden 12,7
Vorsicht im Umgang mit Reichen und Mächtigen 13,1
Vom rechten und falschen Gebrauch des Reichtums 13,30
Vom Trachten nach der Weisheit 14,22
Von der Verantwortung des Menschen 15,11
Vom Ernst der Vergeltung Gottes 16,1
Gegen leichtsinnigen Zweifel an Gottes Vergeltung 16,15
Von Gottes Recht, den Menschen zur Verantwortung zu ziehen 16,23
Lob der Barmherzigkeit Gottes 17,25
Vom Wohltun mit Worten und Werken 18,15
Mahnung zur Bereitschaft für die Zukunft 18,19
Vom Leben des Weisen 18,27
Warnung vor bösen Leidenschaften 18,30
Vom bösen Gerede 19,4
Gottesfürchtige Weisheit und arglistige Schlauheit 19,18
Vom rechtzeitigen Reden und Schweigen 20,1
Von den Wendungen des Schicksals 20,9
Eigennutz und Unbeliebtheit des Narren 20,13
Unzeitiges Reden 20,20
Die Folgen von Armut und falscher Scham 20,23
Warnung vor Lügen 20,26

Rechtes und falsches Verhalten der Weisen 20,29
Warnung vor mancherlei Sünden 21,1
Unterschiede zwischen Weisen und Narren 21,12
Über Faulheit und ungeratene Kinder 22,1
Vom Verhalten gegen Narren 22,7
Das Herz des Weisen und des Narren in der Bewährungsprobe 22,19
Vom Verhalten gegen Freunde 22,23
Bitte um Bewahrung vor bösen Worten und Gedanken 22,33
Warnung vor Zungensünden 23,7
Warnung vor Unzucht 23,21
Das Hohelied der Weisheit 24,1
Drei gute und drei böse Dinge 25,1
Weisheit als Zierde des Alters 25,5
Zehn gute Dinge 25,9
Das böse Weib 25,17
Gute Frauen – böse Frauen 26,1
Drei schlimme Dinge 26,25
Vom Betrug beim Handel 26,28
Von der Gesinnung des Menschen beim Reden 27,5
Von der Preisgabe anvertrauter Geheimnisse 27,17
Falschheit und Hinterlist 27,25
Warnung vor Rachsucht, Streit und Verleumdung 27,33
Von Darlehen und ihrer Rückgabe 29,1
Vom Bürgschaftleisten 29,18
Vom Elend in der Fremde 29,28
Empfehlung strenger Erziehung 30,1
Wert der Gesundheit 30,14
Lob eines fröhlichen Herzens 30,22

Gefahr des Reichtums* 31,1
Warnung vor Unmäßigkeit im Essen und Trinken 31,12
Bescheidenheit im Gastmahl 32,1
Bereitschaft zum Vertrauen auf das Gesetz 32,18
Die unterschiedlichen Ordnungen in Gottes Welt 33,7
Vom Verhalten gegenüber Familie und Gesinde 33,17
Nichtigkeit der Träume 34,1
Erfahrung des Weisen und Vertrauen des Frommen 34,9
Von unrechten und rechten Opfern 34,21
Das Gebet der Rechtlosen und seine Erhörung 35,16
Gebet des Gottesvolkes um Hilfe gegen seine Feinde 36,1
Warnung vor Unmäßigkeit 37,30
Lob des Arztes 38,1
Von der Trauer um einen Toten 38,16
Vom Erlernen der Weisheit 38,25
Lobpreis der Werke Gottes 39,16
Vom Elend des Menschen 40,1
Unrecht Gut gedeihet nicht 40,12
Vom Guten und vom Besseren im Leben des Menschen 40,18
Warnung vor dem Betteln 40,29
Vom Tod 41,1
Das Schicksal der Gottlosen 41,8
Der gute Name 41,14
Rechte und falsche Scham 41,17
Von Töchtern und Frauen 42,9

II. Die Herrlichkeit Gottes

(Kapitel 42,15 – 50) 42,15

Gottesherrlichkeit in der Natur 42,15
Das Lob der Väter (Kapitel 44 – 49) 44,1
Einleitung 44,1
Henoch, Noah, Abraham, Isaak und Jakob 44,16
Mose 45,1
Aaron und Pinhas 45,7
Josua und Kaleb 46,1
Die Richter und Samuel 46,13
David 47,1
Salomo 47,14
Rehabeam und Jerobeam 47,26
Elia und Elisa 48,1
Hiskia und Jesaja 48,19
Josia und Jeremia 49,1
Hesekiel und die zwölf kleinen Propheten 49,10
Rückblick auf die Urzeit 49,16
Lob des Hohenpriesters Simon 50,1
Nun danket alle Gott 50,24
Drei schlimme Völker 50,27
Schluß des Buches 50,29

III. Anhänge

(Kapitel 51) 51,1

Dankgebet 51,1
Schlußvermahnung 51,18

Das Buch Baruch

Einleitung ab 1,1
Geldsammlung der Juden und ihr Brief nach Jerusalem 1,3
Bußgebet der Verbannten 1,15
Die Weisheit, Israels Vorrecht 3,9
Jerusalems Klage und Hoffnung 4,5
Jeremias Brief an die Weggeführten in Babel* 6,1

Das 1. Buch der Makkabäer

Alexander der Große übergibt das Reich seinen Nachfolgern ab 1,1
In Israel entsteht eine heidenfreundliche Partei 1,11
Antiochus IV. Epiphanes plündert den Tempel* 1,17
Antiochus IV. Epiphanes legt eine heidnische Besatzung in die Burg von Jerusalem 1,30
Antiochus IV. Epiphanes befiehlt Maßnahmen gegen den Glauben Israels 1,43
Antiochus IV. Epiphanes bringt Israel in große Not 1,57
Mattatias klagt über die Unterdrückung Israels 2,1
Mattatias lehnt sich gegen die Maßnamen des Antiochus IV. Epiphanes auf 2,15
Die Aufständischen beschließen, auch am Sabbat zu kämpfen 2,31

Mattatias gibt vor seinem Tod die Führung an Judas Makkabäus ab 2,49
Judas Makkabäus kämpft gegen die abtrünnigen Juden 3,1
Judas Makkabäus besiegt Apollonius und Seron 3,10
Lysias führt den Krieg gegen die Juden fort 3,27
Lysias rückt in Judäa ein 3,37
Judas Makkabäus rüstet sein Heer zur Abwehr 3,42
Judas Makkabäus besiegt Gorgias* 4,1
Judas Makkabäus besiegt Lysias* 4,26
Judas Makkabäus weiht den Tempel neu 4,36
Judas Makkabäus besiegt die Idumäer und andere Völker 5,1
Die Juden aus dem Ostjordanland und aus Galiläa bitten um Hilfe 5,9
Simon rettet die Juden aus Galiläa 5,21
Judas Makkabäus und Jonatan siegen im Ostjordanland 5,24
Judas Makkabäus holt die Juden aus Gilead nach Judäa 5,45
Josef und Asarja unterliegen bei Jamnia 5,55
Judas Makkabäus kämpft erfolgreich gegen Edomiter und Philister 5,65
Antiochus IV. Epiphanes unterliegt in Elymaïs und stirbt 6,1
Judas Makkabäus belagert die Burg von Jerusalem 6,17
Antiochus V. Eupator kämpft gegen die Juden 6,28
Antiochus V. Eupator gewährt den Juden Religionsfreiheit 6,55
Demetrius I. Soter bestimmt Bakchides zum Statthalter und Alkimus zum Hohenpriester 7,1

Judas Makkabäus bekämpft Alkimus 7,21
Judas Makkabäus besiegt Nikanor* 7,26
Judas Makkabäus schließt ein Bündnis mit den Römern 8,1
Judas Makkabäus fällt im Kampf gegen Bakchides 9,1
Jonatan übernimmt die Nachfolge seines Bruders 9,23
Jonatan rächt den Tod seines Bruders Johannes 9,35
Bakchides kämpft mit Jonatan am Jordan 9,43
Alkimus stirbt 9,54
Bakchides schließt Frieden mit Jonatan 9,57
Alexander Balas und Demetrius I. Soter suchen im Kampf um die Krone Syriens Jonatans Freundschaft 10,1
Jonatan wird von Alexander Balas in Ptolemais hoch geehrt 10,48
Jonatan besiegt Apollonius, den Feldherrn des Demetrius II. Nikator 10,67
Demetrius II. Nikator erlangt die Alleinherrschaft über Syrien 11,1
Jonatan erreicht die Steuerfreiheit für die Juden 11,20
Tryphon verhilft Antiochus VI. Epiphanes zum Thron 11,38
Jonatan erntet von Demetrius II. Nikator Undank 11,41
Jonatan kämpft auf Seiten des Antiochus VI. Epiphanes gegen Demetrius II. Nikator 11,54
Jonatan erneuert das Bündnis mit Rom und Sparta 12,1
Jonatan verteidigt das ganze Land Israels 12,24
Tryphon nimmt Jonatan mit List gefangen 12,39

Simon tritt an die Stelle seines Bruders Jonatan 13,1
Tryphon läßt Jonatan und Antiochus VI. Epiphanes töten 13,12
Simon erreicht die volle Freiheit für Israel 13,33
Demetrius II. Nikator gerät in Medien in Gefangenschaft 14,1
Simon regiert in Frieden 14,4
Simon bekräftigt die Verträge mit Rom und Sparta 14,16
Die Juden danken Simon und übertragen ihm das Hohepriesteramt und das Fürstentum 14,25
Antiochus VII. Sidetes wirbt um die Freundschaft der Juden im Kampf gegen Tryphon 15,1
Die Römer stellen einen Schutzbrief für die Juden aus 15,15
Antiochus VII. Sidetes wendet sich gegen die Juden 15,25
Simons Söhne schlagen die Syrer 16,1
Simon wird von seinem Schwiegersohn ermordet 16,11
Simons Nachfolger wird sein Sohn Johannes Hyrkanus 16,18

Das 2. Buch der Makkabäer

Die Juden in Ägypten sollen auch das Fest der Tempelweihe feiern ab 1,1

Den Juden in Ägypten wird die bevorstehende Tempelweihe angekündigt 1,10
Der Verfasser legt die Absicht seines Buches dar 2,20
Der Tempelschatz wird vor Heliodor bewahrt 3,1
Onias wird von Simon verleumdet und reist zum König 4,1
Jason erschleicht sich das Hohepriesteramt und führt griechische Sitten ein 4,7
Menelaus verdrängt Jason aus dem Hohepriesteramt 4,23
Menelaus läßt Onias ermorden 4,30
Das Volk erhebt sich gegen Lysimachus 4,39
Menelaus bleibt durch Bestechung Hoherpriester 4,43
Himmelserscheinungen beunruhigen Jerusalem 5,1
Jason nimmt ein schmähliches Ende 5,5
Antiochus IV. Epiphanes plündert den Tempel* 5,11
Judas Makkabäus zieht sich in die Wüste zurück 5,24
Antiochus IV. Epiphanes zwingt die Juden, als Heiden zu leben 6,1
Der Sinn der Leiden des jüdischen Volkes 6,12
Eleasar gibt ein Beispiel tapferen Sterbens 6,18
Sieben Brüder und ihre Mutter sterben den Märtyrertod 7,1
Judas Makkabäus beginnt den Kampf 8,1
Judas Makkabäus besiegt Nikanor, Timotheus und Bakchides 8,8
Antiochus IV. Epiphanes stirbt trotz später Reue eines schrecklichen Todes 9,1
Die Juden gewinnen den Tempel zurück und setzen das Fest der Tempelweihe ein 10,1

Die Feindschaft der Syrer gegen die Juden hält an 10,9
Judas Makkabäus erobert idumäische Festungen 10,15
Timotheus wird bei der Eroberung der Festung Geser getötet 10,24
Judas Makkabäus besiegt Lysias* 11,1
Des Lysias Vertrag mit den Juden 11,13
Lysias vermittelt Frieden zwischen Antiochus V. Eupator und den Juden 11,22
Judas Makkabäus bestraft die Städte Joppe und Jamnia 12,3
Judas Makkabäus bekämpft arabische Nomaden und den Timotheus 12,10
Judas Makkabäus erobert Efron und verschont Skythopolis 12,27
Judas Makkabäus besiegt Gorgias* 12,32
Menelaus findet verdient einen schmählichen Tod 13,1
Judas Makkabäus siegt bei Modeïn durch einen Überfall 13,9
Antiochus V. Eupator belagert Bet-Zur 13,18
Antiochus V. Eupator schließt Frieden mit den Juden 13,23
Demetrius I. Soter schickt Nikanor gegen die Juden 14,1
Judas Makkabäus einigt sich mit Nikanor 14,15
Nikanor muß gegen Judas Makkabäus feindlich vorgehen 14,26
Rasi gibt ein Beispiel opfermütigen Sterbens 14,37
Judas Makkabäus besiegt Nikanor* 15,1
Schlußwort des Verfassers 15,38

Stücke zum Buch Ester

König Artaxerxes befiehlt, das jüdische Volk auszurotten ab 1,1
Mordechais Gebet 2,1
Esters Gebet 3,1
Ester geht zum König* 4,1
König Artaxerxes befiehlt, dem jüdischen Volk beizustehen 5,1
Mordechais Traum 6,1
Mordechai deutet seinen Traum 7,1

Stücke zum Buch Daniel

Die Geschichte von Susanna und Daniel ab 1,1
Vom Bel zu Babel 2,1
Vom Drachen zu Babel 2,22
Asarjas Gebet 3,1
Der Gesang der drei Männer im Feuerofen 3,27

Das Gebet Manasses

Das Gebet Manasses, des Königs von Juda, als er in Babel gefangen war ab 1,1

NEUES TESTAMENT

Geschichtsbücher

Das Matthäusevangelium

I. Jesu Herkunft und Geburt
(Kapitel 1,1 – 2,23) ab 1,1

Jesu Stammbaum 1,1
Jesu Geburt* 1,18
Die Weisen aus dem Morgenland 2,1
Flucht nach Ägypten 2,13
Kindermord in Bethlehem 2,16
Rückkehr aus Ägypten 2,19

II. Die Vorbereitung des Wirkens Jesu
(Kapitel 3,1 – 4,11) 3,1

Johannes der Täufer 3,1
Bußpredigt Johannes des Täufers* 3,7
Messiaspredigt Johannes des Täufers* 3,11
Jesu Taufe* 3,13
Jesu Versuchung* 4,1

III. Das Wirken Jesu in Galiläa
(Kapitel 4,12 – 18,35) 4,12

Jesus tritt in Galiläa auf* 4,12

Jesus beruft die ersten Jünger*	4,18
Jesus lehrt und heilt in Galiläa*	4,23
Bergpredigt	5,1
Seligpreisungen*	5,3
Die Jünger das Salz der Erde und das Licht der Welt	5,13
Jesu Stellung zum Gesetz	5,17
Töten	5,21
Ehebruch	5,27
Ehescheidung*	5,31
Schwören	5,33
Wiedervergeltung	5,38
Feindesliebe*	5,43
Almosengeben	6,1
Beten	6,5
Vaterunser*	6,9
Fasten	6,16
Warnung vor Habsucht	6,19
Gleichnis vom Auge*	6,22
Vom Doppeldienst	6,24
Irdische Sorgen*	6,25
Gleichnis von den Lilien auf dem Felde*	6,28
Vom Richten*	7,1
Erhörung des Gebets*	7,7
Goldene Regel	7,12
Der schmale und der breite Weg	7,13
Rechte Frömmigkeit	7,15
Warnung vor Selbsttäuschung	7,21
Gleichnis vom Haus auf dem Felsen*	7,24
Wirkung der Bergpredigt	7,28
Heilung eines Aussätzigen*	8,1

Der Hauptmann von Kapernaum*	8,5
Jesus heilt die Schwiegermutter des Petrus*	8,14
Jesus heilt andere Kranke	8,16
Vom Ernst der Nachfolge Jesu*	8,18
Die Stillung des Seesturmes*	8,23
Heilung zweier besessener Gadarener	8,28
Heilung eines Gelähmten*	9,1
Berufung des Levi (Matthäus)*	9,9
Jesus ißt mit den Zöllnern und Sündern*	9,10
Jesus lehnt für seine Jünger das Fasten ab*	9,14
Heilung der Blutflüssigen*	9,18
Auferweckung der Tochter des Jaïrus*	9,18
Heilung zweier Blinder*	9,27
Heilung eines besessenen Stummen	9,32
Berufung der zwölf Apostel*	10,1
Aussendung der zwölf Apostel*	10,5
Ermutigung zum Ausharren in Verfolgung	10,17
Aufforderung zu furchtlosem Bekenntnis*	10,26
Zwiespalt unter den Nächsten*	10,34
Forderung an die Nachfolger*	10,37
Von der Belohnung jedes Dienstes um Jesu willen	10,40
Johannes sendet zu Jesus*	11,2
Jesu Urteil über Johannes den Täufer und das Gleichnis von den spielenden Kindern*	11,7
Weherufe über einige unbußfertige Städte	11,20
Jesus dankt dem Vater*	11,25
Heiland der Bedrückten	11,28
Ährenraufen am Sabbat*	12,1
Jesus heilt am Sabbat eine erstorbene Hand*	12,9
Jesus heilt viele Kranke*	12,15

Jesus, der Gottesknecht (Erfüllung des Jesaja-Wortes)	12,17
Jesus steht nicht im Bunde mit Beelzebul*	12,22
Die Sünde gegen den heiligen Geist*	12,31
Vom Zeichen des Jona*	12,38
Von der Rückkehr des bösen Geistes*	12,43
Die wahren Verwandten Jesu*	12,46
Gleichnis vom Sämann*	13,1
Zweck der Gleichnisse*	13,10
Augenzeugen*	13,16
Deutung des Gleichnisses vom Sämann*	13,18
Gleichnis vom Unkraut unter dem Weizen	13,24
Gleichnis vom Senfkorn*	13,31
Gleichnis vom Sauerteig*	13,33
Jesus spricht in Gleichnissen*	13,34
Deutung des Gleichnisses vom Unkraut unter dem Weizen	13,36
Gleichnis vom Schatz im Acker	13,44
Gleichnis von der Perle	13,45
Gleichnis vom Fischnetz	13,47
Abschluß der Gleichnisse	13,51
Jesu Verwerfung in Nazareth*	13,53
Die Enthauptung Johannes des Täufers*	14,1
Speisung der Fünftausend*	14,13
Jesus wandelt auf dem See*	14,22
Heilungen in Genezareth*	14,34
Von wahrer Reinheit und Unreinheit*	15,1
Die kanaanäische Frau*	15,21
Krankenheilungen	15,29
Speisung der Viertausend*	15,32
Zeichenforderung*	16,1

Vom Sauerteig der Pharisäer und Sadduzäer* 16,5
Bekenntnis des Petrus* 16,13
Erste Leidensankündigung* 16,21
Zurechtweisung des Petrus* 16,23
Von der Nachfolge Jesu* 16,24
Die Verklärung Jesu* 17,1
Gespräch über Elia und Johannes den Täufer* 17,9
Heilung eines epileptischen Knaben* 17,14
Zweite Leidensankündigung* 17,22
Die Tempelsteuer 17,24
Von der Demut* 18,1
Von der Verführung zur Sünde* 18,6
Gleichnis vom verlorenen Schaf* 18,12
Von den Bruderpflichten 18,15
Mahnung zur Versöhnlichkeit* 18,15
Vom Lösen und Binden 18,18
Gleichnis vom Schalksknecht 18,23

IV. Das Wirken Jesu in Judäa und Jerusalem
(Kapitel 19,1 – 25,46) 19,1

Ehescheidung* 19,1
Ehelosigkeit 19,10
Segnung der Kinder* 19,13
Die Frage eines Reichen nach dem ewigen Leben* 19,16
Der reiche Jüngling* 19,16
Gefahr des Reichtums* 19,23
Vom Lohn der Jünger* 19,27

Gleichnis von den Arbeitern im Weinberg 20,1
Dritte Leidensankündigung* 20,17
Jesus und die Söhne des Zebedäus* 20,20
Heilung zweier Blinder* 20,29
Jesu Einzug in Jerusalem* 21,1
Tempelreinigung* 21,12
Der verdorrte Feigenbaum* 21,18
Jesu Vollmacht* 21,23
Gleichnis von den ungleichen Söhnen 21,28
Gleichnis von den bösen Weingärtnern* 21,33
Gleichnis vom großen Abendmahl* 22,1
Frage der Pharisäer wegen der Steuer* 22,15
Zinsgroschen* 22,15
Frage der Sadduzäer wegen der Auferstehung* 22,23
Jesus wird nach dem höchsten Gebot gefragt* 22,34
Wessen Sohn ist der Christus?* 22,41
Gegen die Pharisäer und Schriftgelehrten* 23,1
Wehklage über Jerusalem* 23,37
Ende des Tempels* 24,1
Endzeitreden* 24,1
Vorzeichen der Endzeit* 24,4
Weissagungen über die Endzeit* 24,9
Anbruch der Endzeit* 24,15
Wiederkunft des Menschensohnes* 24,29
Gleichnis vom grünenden Feigenbaum* 24,32
Wann geschieht die Wiederkunft?* 24,34
Ermahnung zur Wachsamkeit* 24,37
Gleichnis vom Dieb in der Nacht 24,42
Gleichnis vom guten und bösen Knecht 24,45
Gleichnis von den zehn Jungfrauen 25,1
Gleichnis von den anvertrauten Geldern* 25,14

Gleichnis vom Scheiden der Schafe von den Böcken 25,31

V. Jesu Leiden, Sterben und Auferstehung
(Kapitel 26,1 – 28,20) 26,1

Jesus soll getötet werden* 26,1
Salbung in Betanien* 26,6
Verabredung des Verrates* 26,14
Vorbereitung des Passamahles* 26,17
Jesus kündigt den Verrat des Judas an* 26,20
Abendmahl* 26,26
Ankündigung der Verleugnung des Petrus* 26,31
Jesus in Gethsemane* 26,36
Jesu Gefangennahme* 26,47
Jesus vor dem Hohen Rat* 26,57
Jesus wird von Petrus verleugnet* 26,69
Jesus wird Pilatus übergeben* 27,1
Der Tod des Judas 27,3
Jesus wird vor Pilatus angeklagt* 27,11
Pilatus läßt Barabbas frei und verurteilt Jesus* 27,15
Verspottung Jesu durch die römischen Soldaten* 27,27
Jesus wird zur Kreuzigung abgeführt* 27,31b
Kreuzigung Jesu* 27,33
Jesu Tod* 27,45
Jesu Grablegung* 27,57
Bewachung des Grabes von Jesus 27,62
Jesu Auferstehung* 28,1
Das leere Grab* 28,1

Erscheinung Jesu vor den Frauen 28,9
Bestechung der Wache durch die Juden 28,11
Der Auferstandene erscheint den Jüngern in Galiläa 28,16
Missionsbefehl* 28,19

Das Markusevangelium

I. Die Vorbereitung des Wirkens Jesu

(Kapitel 1,1 – 1,13) ab 1,1

Messiaspredigt Johannes des Täufers* 1,7
Jesu Taufe* 1,9
Jesu Versuchung* 1,12

II. Jesu Wirken in Galiläa

(Kapitel 1,14 – 8,26) 1,14

Jesus tritt in Galiläa auf* 1,14
Jesus beruft die ersten Jünger* 1,16
Heilung eines Besessenen in Kapernaum* 1,21
Jesus heilt die Schwiegermutter des Petrus* 1,29
Jesus zieht von Kapernaum weg* 1,35
Jesus lehrt und heilt in Galiläa* 1,39
Heilung eines Aussätzigen* 1,40
Heilung eines Gelähmten* 2,1
Berufung des Levi* 2,13

Jesus ißt mit den Zöllnern und Sündern*	2,15
Jesus lehnt für seine Jünger das Fasten ab*	2,18
Ährenraufen am Sabbat*	2,23
Jesus heilt am Sabbat eine erstorbene Hand*	3,1
Jesus heilt viele Kranke*	3,7
Berufung der zwölf Apostel*	3,13
Jesu Ablehnung durch seine Verwandten	3,21
Jesus steht nicht im Bunde mit Beelzebul*	3,22
Die Sünde gegen den heiligen Geist*	3,28
Die wahren Verwandten Jesu*	3,31
Gleichnis vom Sämann*	4,1
Zweck der Gleichnisse*	4,10
Deutung des Gleichnisses vom Sämann*	4,13
Sprüche vom rechten Hören*	4,21
Gleichnis von der selbstwachsenden Saat	4,26
Gleichnis vom Senfkorn*	4,30
Jesus spricht in Gleichnissen*	4,33
Die Stillung des Seesturmes*	4,35
Heilung des besessenen Geraseners	5,1
Heilung der Blutflüssigen*	5,21
Auferweckung der Tochter des Jaïrus*	5,21
Jesu Verwerfung in Nazareth*	6,1
Aussendung der zwölf Apostel*	6,7
Die Enthauptung Johannes des Täufers*	6,14
Speisung der Fünftausend*	6,30
Jesus wandelt auf dem See*	6,45
Heilungen in Genezareth*	6,53
Von wahrer Reinheit und Unreinheit*	7,1
Die kanaanäische Frau*	7,24
Heilung eines Taubstummen	7,31
Speisung der Viertausend*	8,1

Zeichenforderung* 8,11
Vom Sauerteig der Pharisäer und Sadduzäer* 8,14
Heilung eines Blinden aus Betsaida 8,22

III. Der Weg nach Jerusalem
(Kapitel 8,27 – 10,52) 8,27

Bekenntnis des Petrus* 8,27
Erste Leidensankündigung* 8,31
Zurechtweisung des Petrus* 8,33
Von der Nachfolge Jesu* 8,34
Die Verklärung Jesu* 9,2
Gespräch über Elia und Johannes den Täufer* 9,9
Heilung eines epileptischen Knaben* 9,14
Zweite Leidensankündigung* 9,30
Von der Demut* 9,33
Der fremde Dämonenaustreiber* 9,38
Von der Verführung zur Sünde* 9,42
Das Wort vom Feuer und Salz 9,49
Ehescheidung* 10,1
Segnung der Kinder* 10,13
Die Frage eines Reichen nach dem ewigen Leben* 10,17
Der reiche Jüngling* 10,17
Gefahr des Reichtums* 10,23
Vom Lohn der Jünger* 10,28
Dritte Leidensankündigung* 10,32
Jesus und die Söhne des Zebedäus* 10,35
Heilung eines Blinden* 10,46

IV. Jesu Wirken in Jerusalem
(Kapitel 11,1 – 13,37) 11,1

Jesu Einzug in Jerusalem* 11,1
Der unfruchtbare Feigenbaum 11,12
Tempelreinigung* 11,15
Der verdorrte Feigenbaum* 11,20
Jesu Vollmacht* 11,27
Gleichnis von den bösen Weingärtnern* 12,1
Frage der Pharisäer wegen der Steuer* 12,13
Zinsgroschen* 12,13
Frage der Sadduzäer wegen der Auferstehung* 12,18
Jesus wird nach dem höchsten Gebot gefragt* 12,28
Wessen Sohn ist der Christus?* 12,35
Gegen die Pharisäer und Schriftgelehrten* 12,38
Das Scherflein der Witwe* 12,41
Ende des Tempels* 13,1
Endzeitreden* 13,1
Vorzeichen der Endzeit* 13,5
Weissagungen über die Endzeit* 13,9
Anbruch der Endzeit* 13,14
Wiederkunft des Menschensohnes* 13,24
Gleichnis vom grünenden Feigenbaum* 13,28
Wann geschieht die Wiederkunft?* 13,30
Gleichnis vom Türhüter 13,33

V. Jesu Leiden, Tod und Auferstehung
(Kapitel 14,1 – 16,20) 14,1

Jesus soll getötet werden* 14,1

Salbung in Betanien*	14,3
Verabredung des Verrates*	14,10
Vorbereitung des Passamahles*	14,12
Jesus kündigt den Verrat des Judas an*	14,17
Abendmahl*	14,22
Ankündigung der Verleugnung des Petrus*	14,26
Jesus in Gethsemane*	14,32
Jesu Gefangennahme*	14,43
Jesus vor dem Hohen Rat*	14,53
Jesus wird von Petrus verleugnet*	14,66
Jesus wird Pilatus übergeben*	15,1
Jesus wird vor Pilatus angeklagt*	15,2
Pilatus läßt Barabbas frei und verurteilt Jesus*	15,6
Verspottung Jesu durch die römischen Soldaten*	15,16
Jesus wird zur Kreuzigung abgeführt*	15,20b
Kreuzigung Jesu*	15,22
Jesu Tod*	15,33
Jesu Grablegung*	15,42
Jesu Auferstehung*	16,1
Das leere Grab*	16,1
Erscheinungen des Auferstandenen*	16,9
Missionsbefehl*	16,15
Jesu Himmelfahrt*	16,19

Das Lukasevangelium

Vorwort	ab 1,1

I. Geburt des Täufers und Jesu

(Kapitel 1,5 – 2,52) 1,5

Ankündigung der Geburt des Johannes 1,5
Ankündigung der Geburt Jesu 1,26
Besuch der Maria bei Elisabeth 1,39
Lobgesang der Maria (Magnifikat) 1,46
Geburt Johannes des Täufers 1,57
Beschneidung Johannes des Täufers 1,59
Lobgesang des Zacharias 1,67
Jesu Geburt* 2,1
Anbetung des Kindes durch die Hirten 2,8
Beschneidung Jesu 2,21
Darstellung Jesu im Tempel 2,22
Weissagung des Simeon über Jesus 2,25
Weissagung der Hanna über Jesus 2,36
Der zwölfjährige Jesus im Tempel 2,41

II. Johannes der Täufer und sein Wirken

(Kapitel 3) 3,1

Bußpredigt Johannes des Täufers* 3,7
Standespredigt Johannes des Täufers 3,10
Messiaspredigt Johannes des Täufers* 3,15
Gefangennahme Johannes des Täufers 3,19
Jesu Taufe* 3,21
Jesu Stammbaum 3,23
Jesu Versuchung* 4,1

III. Jesu Wirken in Galiläa

(Kapitel 4,14 – 9,50) 4,14

Jesus tritt in Galiläa auf* 4,14
Jesu Verwerfung in Nazareth* 4,16
Heilung eines Besessenen in Kapernaum* 4,31
Jesus heilt die Schwiegermutter des Petrus* 4,38
Jesus zieht von Kapernaum weg* 4,42
Jesus lehrt und heilt in Galiläa* 4,44
Fischzug des Petrus 5,1
Heilung eines Aussätzigen* 5,12
Heilung eines Gelähmten* 5,17
Berufung des Levi* 5,27
Jesus ißt mit den Zöllnern und Sündern* 5,29
Jesus lehnt für seine Jünger das Fasten ab* 5,33
Ährenraufen am Sabbat* 6,1
Jesus heilt am Sabbat eine erstorbene Hand* 6,6
Berufung der zwölf Apostel* 6,12
Jesus heilt viele Kranke* 6,17
Feldpredigt 6,17
Seligpreisungen* 6,20
Weherufe 6,24
Feindesliebe* 6,27
Vom Richten* 6,37
Wie der Baum, so die Frucht 6,43
Gleichnis vom Haus auf dem Felsen* 6,47
Der Hauptmann von Kapernaum* 7,1
Auferweckung des Jünglings von Nain 7,11
Johannes sendet zu Jesus* 7,18
Jesu Urteil über Johannes den Täufer und das Gleichnis von den spielenden Kindern* 7,24

Jesus wird von einer Sünderin gesalbt 7,36
Jesu Jüngerinnen 8,1
Gleichnis vom Sämann* 8,4
Zweck der Gleichnisse* 8,9
Deutung des Gleichnisses vom Sämann* 8,11
Sprüche vom rechten Hören* 8,16
Die wahren Verwandten Jesu* 8,19
Die Stillung des Seesturmes* 8,22
Heilung des besessenen Geraseners* 8,26
Heilung der Blutflüssigen* 8,40
Auferweckung der Tochter des Jaïrus* 8,40
Aussendung der zwölf Apostel* 9,1
Die Enthauptung Johannes des Täufers* 9,7
Speisung der Fünftausend* 9,10
Bekenntnis des Petrus* 9,18
Erste Leidensankündigung* 9,22
Von der Nachfolge Jesu* 9,23
Die Verklärung Jesu* 9,28
Heilung eines epileptischen Knaben* 9,37
Zweite Leidensankündigung* 9,43b
Von der Demut* 9,46
Der fremde Dämonenaustreiber* 9,49

IV. Der Weg hinauf nach Jerusalem
(Kapitel 9,51 – 19,27) 9,51

Das ungastliche Samariterdorf 9,51
Vom Ernst der Nachfolge Jesu* 9,57
Aussendung der zweiundsiebzig Jünger 10,1
Rückkehr der zweiundsiebzig Jünger 10,17

Jesus dankt dem Vater*	10,21
Augenzeugen*	10,23
Jesus wird nach dem höchsten Gebot gefragt*	10,25
Gleichnis vom barmherzigen Samariter	10,29
Maria und Marta	10,38
Vaterunser*	11,1
Gleichnis vom bittenden Freund	11,5
Erhörung des Gebets*	11,9
Jesus steht nicht im Bunde mit Beelzebul*	11,14
Von der Rückkehr des bösen Geistes*	11,24
Wer ist selig?	11,27
Vom Zeichen des Jona*	11,29
Gleichnis vom Auge*	11,33
Gegen die Pharisäer und Schriftgelehrten*	11,37
Aufforderung zu furchtlosem Bekenntnis*	12,1
Die Sünde gegen den heiligen Geist*	12,10
Gleichnis vom reichen Kornbauern	12,16
Irdische Sorgen*	12,22
Gleichnis von den Lilien auf dem Felde*	12,27
Ermahnung zur Wachsamkeit*	12,35
Der Lohn des Knechts	12,47
Zwiespalt unter den Nächsten*	12,49
Versöhnung mit dem Gegner	12,57
Bußruf an die Juden	13,1
Gleichnis vom unfruchtbaren Feigenbaum	13,6
Heilung der verkrümmten Frau am Sabbat	13,10
Gleichnis vom Senfkorn*	13,18
Gleichnis vom Sauerteig*	13,20
Gleichnis von der verschlossenen Tür	13,22
Feindschaft des Herodes	13,31
Wehklage über Jerusalem*	13,34

Jesus heilt am Sabbat einen Wassersüchtigen	14,1
Gleichnis von den obersten Plätzen	14,7
Gleichnis vom großen Abendmahl*	14,15
Forderung an die Nachfolger*	14,26
Gleichnis vom Turm und Kriegszug	14,28
Gleichnis vom verlorenen Schaf*	15,1
Gleichnis vom verlorenen Groschen	15,8
Gleichnis vom verlorenen Sohn	15,11
Gleichnis vom ungerechten Haushalter	16,1
Von der Gerechtigkeit der Pharisäer	16,14
Geltung des Gesetzes und Ehescheidung	16,16
Gleichnis vom reichen Mann und armen Lazarus	16,19
Von der Verführung zur Sünde*	17,1
Mahnung zur Versöhnlichkeit*	17,3
Vom Glauben	17,5
Gleichnis vom dienenden Knecht	17,7
Heilung der zehn Aussätzigen	17,11
Vom Reich Gottes	17,20
Wiederkunft des Menschensohnes*	17,22
Gleichnis vom ungerechten Richter und der bittenden Witwe	18,1
Gleichnis vom Pharisäer und Zöllner	18,9
Segnung der Kinder*	18,15
Die Frage eines Reichen nach dem ewigen Leben*	18,18
Der reiche Jüngling*	18,18
Gefahr des Reichtums*	18,24
Vom Lohn der Jünger*	18,28
Dritte Leidensankündigung*	18,31
Heilung eines Blinden*	18,35
Zachäus	19,1
Gleichnis von den anvertrauten Geldern*	19,11

V. Jesu Wirken in Jerusalem

(Kapitel 19,28 – 21,38) 19,28

Einzug Jesu in Jerusalem* 19,28
Weissagung über Jerusalem 19,41
Tempelreinigung* 19,45
Jesu Vollmacht* 20,1
Gleichnis von den bösen Weingärtnern* 20,9
Frage der Pharisäer wegen der Steuer* 20,20
Zinsgroschen* 20,20
Frage der Sadduzäer wegen der Auferstehung* 20,27
Wessen Sohn ist Christus?* 20,41
Gegen die Pharisäer und Schriftgelehrten* 20,45
Das Scherflein der Witwe* 21,1
Ende des Tempels* 21,5
Endzeitreden* 21,5
Vorzeichen der Endzeit* 21,8
Weissagungen über die Endzeit* 21,12
Anbruch der Endzeit* 21,20
Wiederkunft des Menschensohnes* 21,25
Gleichnis vom grünenden Feigenbaum* 21,29
Wann geschieht die Wiederkunft?* 21,32
Ermahnung zur Wachsamkeit* 21,34
Jesu Aufenthalt in den Tagen vor seinem Leiden 21,37

VI. Jesu Leiden, Sterben und Auferstehung

(Kapitel 22,1 – 24,53) 22,1

Jesus soll getötet werden* 22,1
Verabredung des Verrates* 22,3

Vorbereitung des Passamahles*	22,7
Jesus kündigt den Verrat des Judas an*	22,14
Abendmahl*	22,15
Abschiedsworte beim Abendmahl	22,21
Ankündigung der Verleugnung des Petrus*	22,31
Jesus in Gethsemane*	22,39
Jesu Gefangennahme*	22,47
Jesus wird von Petrus verleugnet*	22,54
Jesus vor dem Hohen Rat*	22,63
Jesus wird Pilatus übergeben*	23,1
Jesus wird vor Pilatus angeklagt*	23,2
Jesus vor Herodes	23,6
Pilatus läßt Barabbas frei und verurteilt Jesus*	23,18
Jesus wird zur Kreuzigung abgeführt*	23,26
Kreuzigung Jesu*	23,33
Jesu Tod*	23,44
Jesu Grablegung*	23,50
Jesu Auferstehung*	24,1
Das leere Grab*	24,1
Gang nach Emmaus	24,13
Erscheinungen des Auferstandenen*	24,36
Jesu Himmelfahrt*	24,50

Das Johannesevangelium

I. Prolog
(Kapitel 1,1 – 1,18) ab 1,1

Menschwerdung des Wortes 1,1

II. Jesu öffentliches Wirken
(Kapitel 1,19 – 12,50) 1,19

Das Zeugnis Johannes des Täufers über sich selbst 1,19
Das Zeugnis Johannes des Täufers vom Lamm Gottes 1,29
Jesus beruft die ersten Jünger* 1,35
Hochzeit zu Kana 2,1
Tempelreinigung* 2,13
Jesus und Nikodemus 3,1
Das letzte Zeugnis Johannes des Täufers von Jesus 3,22
Jesus und die Samariterin 4,1
Heilung des Sohnes eines königlichen Beamten 4,43
Heilung eines Kranken am Teich Betesda 5,1
Vollmacht des Sohnes (Gottes) 5,19
Zeugnis für den Sohn (Gottes) 5,31
Speisung der Fünftausend* 6,1
Jesus wandelt auf dem See* 6,16
Jesus das Brot des Lebens 6,22
Widerspruch unter den Jüngern 6,60
Bekenntnis des Petrus* 6,66
Reise zum Laubhüttenfest 7,1
Antwort an die ungläubigen Juden 7,15
Jesus auf dem Laubhüttenfest 7,25
Zwiespalt im Volk 7,40
Jesus und die Ehebrecherin 8,1

Jesus das Licht der Welt	8,12
Jesu Herkunft und Bestimmung	8,21
Die wahre Freiheit	8,30
Abrahamskinder und Teufelskinder	8,37
Der Streit um Jesu Ehre	8,46
Heilung eines Blindgeborenen	9,1
Jesus der gute Hirte	10,1
Uneinigkeit über Jesus	10,19
Der gute Hirte und seine Schafe	10,22
Vorwurf der Gotteslästerung	10,31
Auferweckung des Lazarus	11,1
Jesus soll getötet werden*	11,46
Salbung in Betanien*	12,1
Jesu Einzug in Jerusalem*	12,12
Jesus und die Griechen	12,20
Ankündigung der Verherrlichung	12,27
Der Unglaube des Volkes	12,37

III. Jesu Abschied von seinen Jüngern
(Kapitel 13,1 – 17,26) 13,1

Fußwaschung	13,1
Jesus kündigt den Verrat des Judas an*	13,21
Die Verherrlichung und das neue Gebot	13,31
Abschiedsreden	13,31
Ankündigung der Verleugnung des Petrus*	13,36
Jesus der Weg zum Vater	14,1
Verheißung des heiligen Geistes	14,15
Der Friede Christi	14,27
Gleichnis vom wahren Weinstock	15,1

Gebot der Liebe 15,9
Der Haß der Welt 15,18
Das Werk des heiligen Geistes 16,5
Trauer und Hoffnung bei Jesu Abschied 16,16
Offene Verkündigung statt bildlicher Rede 16,25
Das hohepriesterliche Gebet 17,1

IV. Jesu Leiden, Sterben und Auferstehung
(Kapitel 18,1 – 21,20) 18,1

Jesu Gefangennahme* 18,1
Jesus vor dem Hohen Rat* 18,12
Jesus wird von Petrus verleugnet* 18,25
Jesus wird Pilatus übergeben* 18,28
Jesus wird vor Pilatus angeklagt* 18,29
Pilatus läßt Barabbas frei und verurteilt Jesus* 18,39
Verspottung Jesu durch die römischen Soldaten* 19,1
Jesu Verurteilung 19,6
Kreuzigung Jesu* 19,17
Jesu Tod* 19,28
Jesu Grablegung* 19,38
Jesu Auferstehung* 20,1
Das leere Grab* 20,1
Erscheinungen des Auferstandenen* 20,11
Der Auferstandene erscheint den elf Jüngern 20,19
Der ungläubige Thomas 20,24
Der österliche Fischzug des Petrus 21,1
Dreimalige Frage an Petrus 21,15
Petrus und Johannes 21,20

Die Apostelgeschichte

Einleitung ab 1,1

I. Die Urgemeinde in Jerusalem
(Kapitel 1,4 – 8,3) 1,4

Jesu Himmelfahrt* 1,6
Nachwahl des zwölften Apostels 1,15
Das Pfingstwunder 2,1
Ausgießung des heiligen Geistes* 2,1
Die Pfingstpredigt des Petrus 2,14
Die erste Gemeinde 2,37
Heilung eines Gelähmten durch Petrus und Johannes 3,1
Predigt des Petrus an das Volk 3,12
Petrus und Johannes vor dem Hohen Rat 4,1
Gebet der Gemeinde 4,23
Gütergemeinschaft der ersten Christen 4,32
Hananias und Saphira 5,1
Wundertaten der Apostel 5,12
Die Apostel vor dem Hohen Rat 5,17
Der Ratschlag des Gamaliel 5,34
Wahl der sieben Armenpfleger 6,1
Stephanus vor dem Hohen Rat 6,8
Rede des Stephanus 7,1
Stephanus' Tod 7,54
Verfolgung der Gemeinde in Jerusalem 8,1

II. Die Gemeinden in Judäa und Samarien
(Kapitel 8,4 – 12,25) 8,4

Philippus in Samaria 8,5
Simon der Zauberer 8,9
Der Kämmerer aus Äthiopien 8,26
Bekehrung des Saulus 9,1
Saulus in Damaskus 9,19b
Saulus in Jerusalem 9,26
Petrus heilt den lahmen Äneas 9,32
Petrus erweckt Tabita vom Tode 9,36
Der Hauptmann Kornelius 10,1
Vision des Petrus von den unreinen Speisen 10,9
Taufe der ersten Heiden 10,44
Petrus in Jerusalem 11,1
Erste Christen in Antiochia 11,19
Jakobus' Tod 12,1
Verhaftung und Befreiung des Petrus 12,3
Tod des Herodes Agrippa 12,18

III. Die Kirche unter den Völkern
(Kapitel 13,1 – 28,31) 13,1

Erste Missionsreise des Paulus: Zypern 13,1
Paulus in Antiochia in Pisidien 13,13
Paulus in Ikonien 14,1
Paulus in Lystra 14,8
Paulus' Rückkehr nach Antiochia in Syrien* 14,19
Apostelversammlung in Jerusalem 15,1
Beschlüsse der Apostelversammlung 15,22

Benachrichtigung der Gemeinde in Antiochia	15,30
Zweite Missionsreise des Paulus	15,36
Paulus und Timotheus bei den Gemeinden in Kleinasien	16,1
Paulus wird nach Mazedonien gerufen	16,9
Paulus in Philippi	16,11
Bekehrung der Lydia	16,14
Die Magd mit dem Wahrsagegeist	16,16
Paulus und Silas im Gefängnis	16,19
Bekehrung des Kerkermeisters	16,25
Paulus in Thessalonich	17,1
Paulus in Beröa	17,10
Paulus in Athen	17,16
Paulus in Korinth	18,1
Paulus' Rückkehr nach Antiochia in Syrien*	18,18
Dritte Missionsreise des Paulus	18,23
Apollos in Ephesus und Korinth	18,24
Paulus in Ephesus	19,1
Aufruhr des Demetrius	19,23
Paulus in Mazedonien und Griechenland	20,1
Paulus in Troas	20,6
Paulus erweckt den Eutychus	20,7
Paulus' Reise nach Milet	20,13
Abschiedsrede des Paulus an die Ältesten von Ephesus	20,17
Paulus von Milet nach Cäsarea	21,1
Paulus' Ankunft in Jerusalem	21,15
Paulus' Verhaftung im Tempel	21,27
Paulus' Verteidigungsrede vor dem Volk	22,1
Paulus vor dem römischen Oberst	22,23
Paulus vor dem Hohen Rat	23,1

Mordanschlag gegen Paulus	23,12
Paulus wird nach Cäsarea gebracht	23,23
Paulus vor dem Statthalter Felix	24,1
Paulus vor dem Statthalter Festus	25,1
Paulus vor dem König Agrippa und Festus	25,13
Paulus auf der Reise nach Rom	27,1
Seesturm und Schiffbruch	27,13
Paulus auf der Insel Malta	28,1
Paulus in Rom	28,11

Lehrbriefe

Der Brief des Paulus an die Römer

Zuschrift und Segensgruß des Paulus*	ab 1,1
Paulus' Wunsch nach Rom zu kommen	1,8
Das Evangelium als Kraft Gottes	1,16
Die Gottlosigkeit der Heiden	1,18
Der Maßstab des göttlichen Gerichts	2,1
Anklage gegen die Juden	2,17
Die wahre Beschneidung	2,25
Gottes unwandelbare Treue	3,1
Schuld der ganzen Menschheit	3,9
Die Rechtfertigung allein durch Glauben	3,21
Abraham der Vater des Glaubens	4,1
Frieden mit Gott	5,1
Adam und Christus	5,12
Taufe und neues Leben	6,1
Freiheit vom Gesetz	7,1
Der Mensch unter dem Gesetz	7,7
Das Leben im Geist*	8,1
Gotteskindschaft der Christen	8,14
Hoffnung für die Schöpfung und Gewißheit des Heils	8,18
Israels Gotteskindschaft	9,1
Die Kinder der Verheißung als das wahre Israel	9,6
Gottes freie Gnadenwahl	9,14
Glaubensgerechtigkeit	10,1
Israel hat keine Entschuldigung	10,14

Nicht ganz Israel ist verstockt 11,1
Berufung der Heiden als Hoffnung für Israel 11,11
Warnung an die Heidenchristen vor Überheblichkeit 11,17
Israels endliche Errettung 11,25
Lobpreis der Wunderwege Gottes 11,33
Wahrer Gottesdienst 12,1
Gnadengaben im Dienst der Gemeinde 12,3
Mahnung zur Liebe 12,9
Stellung zur staatlichen Gewalt* 13,1
Die Liebe als Erfüllung des Gesetzes 13,8
Leben im Licht des kommenden Tages* 13,11
Von den Schwachen und Starken im Glauben 14,1
Auftrag und Vollmacht des Apostels Paulus 15,14
Reisepläne des Apostels Paulus* 15,22
Empfehlung der Phöbe 16,1
Grüße des Paulus 16,3
Warnung vor Irrlehren* 16,17
Grüße der Mitarbeiter des Paulus 16,21
Lobpreis Gottes 16,25

Der 1. Brief des Paulus an die Korinther

Zuschrift und Segensgruß des Paulus* ab 1,1
Dank für Gottes reiche Gaben in Korinth 1,4
Spaltungen in der Gemeinde 1,10
Die Weisheit der Welt ist Torheit vor Gott 1,18
Predigt des Apostels Paulus vom Gekreuzigten 2,1

Weisheit für die Vollkommenen 2,6
Unmündigkeit der Korinther 3,1
Zusammenwirken und Verantwortung der Mitarbeiter Gottes 3,5
Gegen voreiliges Richten 4,1
Gegen die Überheblichkeit der Korinther 4,6
Paulus der Vater der Gemeinde in Korinth 4,14
Ausschluß der Unzüchtigen aus der Gemeinde 5,1
Rechtssachen unter Christen 6,1
Der Leib ein Tempel des heiligen Geistes 6,12
Ehe und Ehelosigkeit 7,1
Ehescheidung* 7,10
Von den Witwen* 7,39
Vom Essen des Götzenopferfleisches 8,1
Recht und Freiheit des Apostels Paulus 9,1
Das warnende Beispiel Israels 10,1
Unvereinbarkeit von Abendmahl und Götzendienst 10,14
Rücksicht auf das Gewissen – Essen und Trinken 10,23
Männer und Frauen im Gottesdienst* 11,1
Mißstände bei der Feier des Abendmahls 11,17
Viele Gaben – ein Geist 12,1
Viele Glieder – ein Leib 12,12
Das Hohelied der Liebe 13,1
Zungenrede und prophetische Rede 14,1
Ordnung in den Versammlungen 14,26
Zeugnis von der Auferstehung Christi 15,1
Gegen die Leugnung der Auferstehung der Toten 15,12
Der neue Leib bei der Auferstehung 15,35
Verwandlung der Gläubigen und Sieg über den Tod 15,50
Geldsammlung für die Gemeinde in Jerusalem* 16,1

Reisepläne des Apostels Paulus* 16,5
Ermahnungen und Grüße des Paulus* 16,13

Der 2. Brief des Paulus an die Korinther

Zuschrift und Segensgruß des Paulus* ab 1,1
Dank für Gottes Trost in Bedrängnis 1,3
Gegen den Vorwurf der Unwahrhaftigkeit 1,12
Änderung der Reisepläne des Paulus 1,15
Vergebung für ein bestraftes Gemeindeglied 2,5
Die Verkündigung des Evangeliums als Siegeszug Christi 2,12
Des Apostels Paulus Empfehlungsbrief 3,1
Die Herrlichkeit des Dienstes im neuen Bund 3,7
Das helle Licht des Evangeliums 4,1
Leidensgemeinschaft mit Christus 4,7
Sehnsucht nach der himmlischen Heimat 5,1
Paulus als Botschafter der Versöhnung 5,11
Bewährung des Apostels Paulus in seinem Dienst 6,1
Werbung um die Gemeinde und Warnung vor Götzendienst 6,11
Die Freude des Paulus über die Reue der Gemeinde 7,5
Geldsammlung für die Gemeinde in Jerusalem* 8,1
Der Segen freudigen Gebens 9,1
Verteidigung des Apostels Paulus gegen persönliche Angriffe 10,1
Der Maßstab für die Beurteilung des Apostels Paulus 10,12

Paulus und die falschen Apostel 11,1
Leiden und Mühen des Apostels Paulus 11,16
Visionen des Paulus und der Pfahl im Fleisch 12,1
Ringen des Apostels Paulus um seine Gemeinde 12,11
Ankündigung vollmächtigen Auftretens beim dritten Besuch 13,1
Ermahnungen und Grüße des Paulus* 13,11

Der Brief des Paulus an die Galater

Zuschrift und Segensgruß des Paulus* ab 1,1
Gegen die Verfälschung des Evangeliums 1,6
Berufung des Paulus zum Apostel 1,11
Anerkennung des Paulus durch die anderen Apostel 2,1
Auseinandersetzung des Paulus mit Petrus in Antiochia 2,11
Gerechtigkeit aus Glauben oder aus dem Gesetz? 3,1
Verheißung und Gesetz 3,15
Befreiung vom Gesetz durch Christus 4,1
Warnung vor Rückfall in die Gesetzlichkeit* 4,8
Gesetzes- und Glaubenskinder 4,21
Aufruf zur rechten Freiheit 5,1
Das Leben im Geist* 5,16
Mahnung zur Brüderlichkeit 6,1
Christi Kreuz unser ein und alles 6,11

Der Brief des Paulus an die Epheser

Zuschrift und Segensgruß des Paulus* ab 1,1
Lobpreis Gottes für die Erlösung durch Christus 1,3
Gebet um Erkenntnis der Herrlichkeit Christi 1,15
Das neue Leben als Geschenk der Gnade 2,1
Einheit der Gemeinde aus Juden und Heiden 2,11
Amt des Apostels Paulus für die Heiden* 3,1
Fürbitte des Apostels Paulus für die Gemeinde 3,14
Einheit im Geist und die Vielfalt der Gaben 4,1
Der alte und der neue Mensch* 4,17
Weisungen für das neue Leben 4,25
Leben im Licht* 5,1
Die christliche Haustafel* 5,21
Pflichten der Ehegatten 5,22
Pflichten der Eltern und Kinder 6,1
Pflichten der Sklaven und Herren 6,5
Des Christen Waffenrüstung 6,10
Grüße und Segenswünsche des Paulus* 6,21

Der Brief des Paulus an die Philipper

Zuschrift und Segensgruß des Paulus* ab 1,1
Dank und Fürbitte für die Gemeinde* 1,3
Der Prozeß des Paulus und die Verkündigung des Evangeliums 1,12

Bereitschaft der Gemeinde zum Leiden für Christus	1,27
Leben nach dem Vorbild Christi	2,1
Sorge um das Heil	2,12
Sendung des Timotheus und die Rückkehr des Epaphroditus	2,19
Warnung vor Rückfall in die Gesetzlichkeit*	3,1
Trachten nach dem Siegespreis	3,13
Mahnung zur Einigkeit und zur Freude im Herrn	4,1
Dank des Apostels Paulus für die Gabe der Gemeinde	4,10
Grüße und Segenswünsche des Paulus*	4,21

Der Brief des Paulus an die Kolosser

Zuschrift und Segensgruß des Paulus*	ab 1,1
Dank und Fürbitte für die Gemeinde*	1,3
Christus, der Erste in Schöpfung und Erlösung	1,15
Amt des Apostels Paulus für die Heiden*	1,24
Ermahnung zur Festigkeit im Glauben	2,1
Warnung vor Irrlehren*	2,8
Der alte und der neue Mensch*	3,1
Die christliche Haustafel*	3,18
Ermahnung zum Gebet und zum rechten Wort	4,2
Grüße und Segenswünsche des Paulus*	4,7

Der 1. Brief des Paulus an die Thessalonicher

Zuschrift und Segensgruß des Paulus* ab 1,1
Der vorbildliche Glaube der Gemeinde 1,2
Wirken des Apostels Paulus bei der Gründung der Gemeinde 2,1
Aufnahme des Evangeliums in der Gemeinde 2,13
Vereitelter Besuch des Paulus 2,17
Sendung des Timotheus 3,1
Ermahnung zur Heiligung 4,1
Von der Auferstehung der Toten 4,13
Leben im Licht des kommenden Tages* 5,1
Ermahnungen und Grüße des Paulus* 5,12

Der 2. Brief des Paulus an die Thessalonicher

Zuschrift und Segensgruß des Paulus* ab 1,1
Bedrängnis der Gemeinde und das gerechte Gericht Gottes 1,3
Das Auftreten des Widersachers vor dem Kommen Christi 2,1
Mahnung zum Festhalten an der Lehre 2,13
Wünsche des Apostels Paulus für sich selbst und die Gemeinde 3,1

Warnung vor Müßiggang 3,6
Grüße und Segenswünsche des Paulus* 3,17

Der 1. Brief des Paulus an Timotheus

Zuschrift und Segensgruß des Paulus* ab 1,1
Warnung vor Irrlehren* 1,3
Lobpreis der göttlichen Barmherzigkeit 1,12
Gebet der Gemeinde* 2,1
Männer und Frauen im Gottesdienst* 2,8
Von den Bischöfen* 3,1
Von den Diakonen 3,8
Das Geheimnis des Glaubens 3,14
Falsche Enthaltsamkeit 4,1
Dienst des Timotheus 4,6
Verhalten gegen Männer und Frauen in der Gemeinde 5,1
Von den Witwen* 5,3
Von den Vorstehern der Gemeinde 5,17
Von den Sklaven 6,1
Mahnung an Timotheus und alle Brüder 6,3
Mahnung an die Reichen 6,17

Der 2. Brief des Paulus an Timotheus

Zuschrift und Segensgruß des Paulus*	ab 1,1
Treue zum anvertrauten Evangelium	1,3
Ein guter Streiter Jesu Christi	2,1
Warnung vor unnützem Streit	2,14
Verfall der Frömmigkeit in der Endzeit	3,1
Vorbild des leidenden Apostels Paulus	3,10
Wert der Überlieferung	3,14
Treue bis zum Ende	4,1
Der Apostel Paulus und seine Mitarbeiter	4,9
Grüße und Segenswünsche des Paulus*	4,19

Der Brief des Paulus an Titus

Zuschrift und Segensgruß des Paulus*	ab 1,1
Von den Ältesten	1,5
Von den Bischöfen*	1,7
Warnung vor Irrlehren*	1,10
Alt und Jung in der Gemeinde	2,1
Die heilbringende Gnade	2,11
Der Christ in der Welt	3,1
Aufträge des Paulus	3,12
Grüße und Segenswünsche des Paulus*	3,15

Der Brief des Paulus an Philemon

Zuschrift und Segensgruß des Paulus*	ab 1,1
Glaube und Liebe des Philemon	1,4
Fürsprache für Onesimus	1,8
Grüße und Segenswunsch des Paulus*	1,23

Der 1. Brief des Petrus

Zuschrift und Segensgruß des Petrus*	ab 1,1
Lebendige Hoffnung	1,3
Geheiligtes Leben	1,13
Das neue Gottesvolk	2,1
Verhalten in der Welt	2,11
Stellung zur staatlichen Gewalt*	2,13
Mahnung an die Sklaven	2,18
Mahnung an Frauen und Männer	3,1
Mahnung an die Gemeinde	3,8
Vom Leiden und Leben des Christen	4,1
Vom Ausharren in der Verfolgung	4,12
Mahnung an die Ältesten und die Gemeinde	5,1
Grüße und Segenswunsch des Petrus	5,10

Der 2. Brief des Petrus

Zuschrift und Segensgruß des Petrus*	ab 1,1
Mahnung zur Treue	1,3
Der feste Grund des Glaubens	1,16
Gottes Gericht über die Irrlehrer*	2,1
Gewißheit über die Wiederkunft des Herrn	3,1
Folgerung und Ermahnung	3,14

Der 1. Brief des Johannes

Grundlage christlicher Gemeinschaft	ab 1,1
Leben im Licht*	1,5
Kennzeichen der Christen	2,1
Bruderliebe	2,7
Warnung vor der Welt	2,12
Kennzeichen des Antichristen	2,18
Herrlichkeit der Gotteskindschaft	3,1
Der Geist der Wahrheit und der Geist des Irrtums	4,1
Die Liebe Gottes und die Liebe zum Bruder	4,7
Wirkung des Glaubens	5,1
Gottes Zeugnis von seinem Sohn	5,6
Bitte für den sündigen Bruder	5,13
Die Bewahrung in Christus	5,18

Der 2. Brief des Johannes

Zuschrift und Segensgruß des Johannes* ab 1,1
Dic Liebe zu den Brüdern 1,4
Warnung vor Irrlehren* 1,7
Schlußworte 1,12

Der 3. Brief des Johannes

Zuschrift und Segensgruß des Johannes* ab 1,1
Die Gastfreundschaft des Gajus 1,5
Diotrephes und Demetrius 1,9
Schlußworte 1,13

Der Brief an die Hebräer

Gottes Sohn höher als die Engel ab 1,1
Gehorsam gegen das Wort Christi 2,1
Erniedrigung und Erhöhung Christi 2,5
Christus höher als Mose 3,1
Warnung vor Ungehorsam 3,7
Erbe des Glaubens 4,1
Christus der wahre Hohepriester 4,14
Christus höher als Aaron 5,4

Christus der leidende Hohepriester 5,7
Von der Gewißheit des Glaubens 5,11
Christus, der Hohepriester nach der Ordnung Melchisedeks 7,1
Jesus Bürge eines besseren Bundes 7,18
Der himmlische Hohepriester 8,1
Der Mittler des neuen Bundes 8,6
Heiligtum des alten Bundes 9,1
Heiligtum und Opfer Christi 9,11
Kraft des Sühnopfers Christi 10,1
Bekenntnis der Hoffnung 10,19
Glaubensweg im alten Bund 11,1
Glaubensweg der Christen 12,1
Ermahnung und Warnung 13,1
Segenswunsch und Grüße 13,20

Der Brief des Jakobus

Zuschrift und Segensgruß des Jakobus ab 1,1
Der Christ in der Anfechtung 1,2
Der Ursprung der Versuchung 1,13
Hören und Tun des Wortes 1,19
Kein Ansehen der Person in der Gemeinde 2,1
Glaube ohne Werke ist tot 2,14
Die Sünden der Zunge 3,1
Zweierlei Weisheit 3,13
Freundschaft mit der Welt und Feindschaft gegen Gott 4,1

Warnung vor Selbstsicherheit 4,13
Das Gericht über die Reichen 5,1
Mahnung zur Geduld 5,7
Vom leichtsinnigen Schwören 5,12
Gebet für die Kranken 5,13
Verantwortung für die Irrenden 5,19

Der Brief des Judas

Zuschrift und Segensgruß des Judas ab 1,1
Gottes Gericht über die Irrlehrer* 1,3
Mahnung und Gotteslob 1,20

Prophetisches Buch

Die Offenbarung des Johannes

I. Briefe an die Gemeinden in Asien
(Kapitel 1 – 3) ab 1,1

Überschrift 1,1
Gruß an die sieben Gemeinden 1,4
Auftrag an Johannes 1,9
Geheimnis der Sterne und Leuchter 1,17
Sendschreiben an Ephesus 2,1
Sendschreiben an Smyrna 2,8
Sendschreiben an Pergamon 2,12
Sendschreiben an Thyatira 2,18
Sendschreiben an Sardes 3,1
Sendschreiben an Philadelphia 3,7
Sendschreiben an Laodizea 3,14

II. Prophetische Visionen
(Kapitel 4 – 22) 4,1

Anbetung vor Gottes Thron 4,1
Das Buch mit den sieben Siegeln 5,1
Lobpreis der ganzen Schöpfung 5,8
Öffnung der ersten sechs Siegel 6,1
Die Hundertvierundvierzigtausend mit dem Siegel 7,1

Die große Schar aus allen Völkern 7,9
Öffnung des siebten Siegels 8,1
Die vier ersten Posaunen 8,6
Das dreifache Weh 8,13
Die fünfte Posaune; erstes Weh 9,1
Die sechste Posaune; zweites Weh 9,13
Der Engel mit dem Büchlein 10,1
Messen des Tempels; die beiden Zeugen 11,1
Die siebte Posaune 11,15
Die Frau und der Drache 12,1
Sieg Michaels 12,7
Errettung der Frau 12,13
Das Tier aus dem Meer 13,1
Das Tier aus der Erde 13,11
Das Lamm und die Hundertvierundvierzigtausend auf Zion 14,1
Die Botschaft der drei Engel 14,6
Ernte und Weinlese 14,14
Die Engel mit den sieben Plagen 15,1
Die sieben Zornschalen 16,1
Die große Hure Babylon 17,1
Der Untergang Babylons 18,1
Wehklage der Könige, Kaufleute und Schiffsleute 18,9
Jubel im Himmel über den Untergang Babylons 19,1
Das Hochzeitsmahl des Lammes 19,6
Der Reiter auf dem weißen Pferd 19,11
Das Ende des Tieres und des falschen Propheten 19,17
Das tausendjährige Reich 20,1
Gog und Magog 20,7
Das jüngste Gericht 20,11

INHALTSVERZEICHNIS ZUR BIBEL IN ALPHABETISCHER ORDNUNG

A

Aarons grünender Stab	ab	4. Mose	17,16
Aarons Tod		4. Mose	20,22
		5. Mose	10,6
Aaron und seine Söhne werden Priester		3. Mose	8,1
Abendmahl		Matthäus	26,26
		Markus	14,22
		Lukas	22,15
Abija König von Juda		1. Könige	15,1
		2. Chronik	13,1
Abimelechs Königtum		Richter	9,1
Abjatars Schicksal		1. Könige	2,26
Abner geht zu David über		2. Samuel	3,6
Abners Tod		2. Samuel	3,22
Abner tötet Asaël		2. Samuel	2,17
Abraham der Vater des Glaubens		Römer	4,1
Abrahams Bund mit Abimelech		1. Mose	21,22
Abrahams Fürbitte für Sodom		1. Mose	18,16
Abrahamskinder u. Teufelskinder		Johannes	8,37
Abrahams Tod		1. Mose	25,7
Abrahams zweite Ehe		1. Mose	25,1
Abraham und Sara bei Abimelech		1. Mose	20,1
Abram erhält den Namen Abraham		1. Mose	17,1
Abram errettet Lot		1. Mose	14,13
Abrams Berufung und Zug nach Kanaan		1. Mose	12,1
Abram und Lot trennen sich		1. Mose	13,1
Abram und Sarai in Ägypten		1. Mose	12,10
Absaloms Aufruhr		2. Samuel	15,1

Absaloms Flucht	2. Samuel	13,34
Absaloms Rache an Amnon	2. Samuel	13,23
Absaloms Tod	2. Samuel	18,1
Absalom und Davids Nebenfrauen	2. Samuel	16,20
Abschiedsrede des Paulus an die Ältesten von Ephesus	Apostelgesch.	20,17
Abschiedsreden	Johannes	13,31
Abschiedsworte beim Abendmahl	Lukas	22,21
Abschluß der Gleichnisse	Matthäus	13,51
Achans Diebstahl und Bestrafung	Josua	7,1
Achior wird nach Betulia zu den Juden gebracht	Judit	6,1
Adam und Christus	Römer	5,12
Adonijas Furcht	1. Könige	1,41
Adonijas Tod	1. Könige	2,13
Adonijas Umtriebe	1. Könige	1,5
Ägypten als Lohn für Nebukadnezar	Hesekiel	29,17
Ägyptens Untergang	Hesekiel	29,1
Die Ägypter verkaufen ihre Habe und sich selbst dem Pharao	1. Mose	47,13
Ährenraufen am Sabbat	Matthäus	12,1
	Markus	2,23
	Lukas	6,1
Änderung der Reisepläne des Paulus	2. Korinther	1,15
Agags Tod	1. Samuel	15,32
Ahab König von Israel	1. Könige	16,29
Ahabs Siege über die Aramäer	1. Könige	20,1
Ahabs Tod	1. Könige	22,29
Ahab und Joschafat gegen die Aramäer	1. Könige	22,1
	2. Chronik	18,1

Ahasja König von Israel	1. Könige	22,52
Ahasja König von Juda (gottlose Regierung)	2. Könige	8,25
	2. Chronik	22,1
Ahasjas Tod	2. Könige	1,16
Ahasja und der Prophet Elia	2. Könige	1,1
Ahas König von Juda	2. Könige	16,1
	2. Chronik	28,1
Ahas stellt einen heidnischen Tempel auf und baut den Tempel um	2. Könige	16,2
Ahijas Verheißung an Jerobeam	1. Könige	11,26
Ahitofels schlauer Rat wird vereitelt	2. Samuel	17,1
Alexander Balas und Demetrius I. Soter suchen im Kampf um die Krone Syriens Jonatans Freundschaft	1. Makkabäer	10,1
Alexander der Große übergibt das Reich seinen Nachfolgern	1. Makkabäer	1,1
Alkimus stirbt	1. Makkabäer	9,54
Alles hat seine Zeit, Gott besteht	Prediger	3,1
Almosengeben	Matthäus	6,1
Der alte und der neue Mensch	Epheser	4,17
	Kolosser	3,1
Alt und Jung in der Gemeinde	Titus	2,1
Amazja König von Juda	2. Könige	14,1
	2. Chronik	25,1
Der Ammoniter Achior gibt Bericht über die Juden	Judit	5,1
Amnons Schandtat an Absaloms Schwester Tamar	2. Samuel	13,1

Amon König von Juda	2. Könige	21,19
	2. Chronik	33,21
Amos wird aus Bethel ausgewiesen	Amos	7,10
Amt der Leviten	4. Mose	3,5
Amt des Apostels Paulus für die Heiden	Epheser	3,1
	Kolosser	1,24
Anbetung des Kindes durch die Hirten	Lukas	2,8
Anbetung vor Gottes Thron	Offenbarung	4,1
Anbruch der Endzeit	Matthäus	24,15
	Markus	13,14
	Lukas	21,20
Anerkennung des Paulus durch die anderen Apostel	Galater	2,1
Anfertigung der Lade	5.Mose	10,1
Anklage gegen die Juden	Römer	2,17
Ankündigung der Geburt des Johannes	Lukas	1,5
Ankündigung der Geburt Jesu	Lukas	1,26
Ankündigung der Verherrlichung	Johannes	12,27
Ankündigung der Verleugnung des Petrus	Matthäus	26,31
	Markus	14,27
	Lukas	22,31
	Johannes	13,36
Ankündigung des Gerichts über Samaria	Amos	3,9
Ankündigung vollmächtigen Auftretens beim dritten Besuch	2. Korinther	13,1
Ankunft Israels am Sinai	2. Mose	19,1

Anschlag der Leute von Anatot auf Jeremia	Jeremia	11,18
Antiochus IV. Epiphanes befiehlt Maßnahmen gegen den Glauben Israels	1. Makkabäer	1,43
Antiochus IV. Epiphanes bringt Israel in große Not	1. Makkabäer	1,57
Antiochus IV. Epiphanes legt eine heidnische Besatzung in die Burg von Jerusalem	1. Makkabäer	1,30
Antiochus IV. Epiphanes plündert den Tempel	1. Makkabäer	1,17
	2. Makkabäer	5,11
Antiochus IV. Epiphanes stirbt trotz später Reue eines schrecklichen Todes	2. Makkabäer	9,1
Antiochus IV. Epiphanes unterliegt in Elymaïs und stirbt	1. Makkabäer	6,1
Antiochus IV. Epiphanes zwingt die Juden, als Heiden zu leben	2. Makkabäer	6,1
Antiochus V. Eupator belagert Bet-Zur	2. Makkabäer	13,18
Antiochus V. Eupator gewährt den Juden Religionsfreiheit	1. Makkabäer	6,55
Antiochus V. Eupator kämpft gegen die Juden	1. Makkabäer	6,28
Antiochus V. Eupator schließt Frieden mit den Juden	2. Makkabäer	13,23
Antiochus VII. Sidetes wendet sich gegen die Juden	1. Makkabäer	15,25
Antiochus VII. Sidetes wirbt um die		

Freundschaft der Juden im Kampf gegen Tryphon	1. Makkabäer	15,1
Antwort an die ungläubigen Juden	Johannes	7,15
Antwort auf die Fastenfrage	Sacharja	8,18
Apollos in Ephesus und Korinth	Apostelgesch.	18,24
Der Apostel Paulus und seine Mitarbeiter	2. Timotheus	4,9
Des Apostels Paulus Empfehlungsbrief	2. Korinther	3,1
Apostelversammlung in Jerusalem	Apostelgesch.	15,1
Die Apostel vor dem Hohen Rat	Apostelgesch.	5,17
Asa König von Juda	1. Könige	15,9
	2. Chronik	14,1
Asarja oder Usija König von Juda	2. Könige	15,1
	2. Chronik	26,1
Asarjas Gebet	St. zu Daniel	3,1
Asas Tod	1. Könige	15,24
	2. Chronik	16,11
Asa wird von Bascha bekriegt	1. Könige	15,16
	2. Chronik	16,1
Die Asche der roten Kuh	4. Mose	19,1
Assurs Übermut und Demütigung	Jesaja	10,5
Assur wird zerschmettert	Jesaja	14,24
Die Assyrer entdecken den Tod des Holofernes	Judit	14,7
Die Assyrer werden von den Juden geschlagen	Judit	15,1
Assyrische Gefangenschaft	2. Könige	17,7
Ataljas Tyrannei und Tod	2. Könige	11,1
	2. Chronik	22,10
Aufbruch des Volkes Israel vom Sinai	4. Mose	10,11

Der Auferstandene erscheint den Jüngern in Galiläa	Matthäus	28,16
Auferweckung der Tochter des Jaïrus	Matthäus	9,18
	Markus	5,21
	Lukas	8,40
Auferweckung des Jünglings von Nain	Lukas	7,11
Auferweckung des Lazarus	Johannes	11,1
Auffindung des Gesetzbuches	2. Könige	22,8
	2. Chronik	34,8
Aufforderung zu furchtlosem Bekenntnis	Matthäus	10,26
	Lukas	12,1
Auflösung der Mischehen	Esra	10,1
Aufnahme des Evangeliums in der Gemeinde	1. Thessalon.	2,13
Aufrichtung des messianischen Reichs	Daniel	7,9
Aufrichtung und Einweihung der Stiftshütte	2. Mose	40,1
Aufruf zum Tempelbau	Haggai	1,1
Aufruf zur rechten Freiheit	Galater	5,1
Aufruhr des Demetrius	Apostelgesch.	19,23
Aufruhr und Untergang der Rotte Korach	4. Mose	16,1
Die Aufständischen beschließen, auch am Sabbat zu kämpfen	1. Makkabäer	2,31
Aufträge des Paulus	Titus	3,12
Auftrag an Johannes	Offenbarung	1,9
Auftrag und Vollmacht des Apostels Paulus	Römer	15,14

Das Auftreten des Widersachers vor dem Kommen Christi	2. Thessalon.	2,1
Augenzeugen	Matthäus	13,16
	Lukas	10,23
„Auge um Auge“ (Jus talionis)	2. Mose	21,24
Ausblick auf das messianische Heil	Sacharja	8,1
Auseinandersetzung des Paulus mit Petrus in Antiochia	Galater	2,11
Ausgießung des heiligen Geistes	Joel	3,1
	Apostelgesch.	2,1
Ausrottung des Götzendienstes und der falschen Propheten	Sacharja	13,1
Ausscheidung aller Fremden aus dem Gottesvolk	Nehemia	13,1
Ausschluß der Unzüchtigen aus der Gemeinde	1. Korinther	5,1
Aussendung der zweiundsiebzig Jünger	Lukas	10,1
Aussendung der zwölf Apostel	Matthäus	10,5
	Markus	6,7
	Lukas	9,1
Aussendung und Rückkehr der Kundschafter	4. Mose	13,1
Auszug Israels aus Ägypten	2. Mose	12,37

B

Babylonische Gefangenschaft ab	2. Könige	25,1
	2. Chronik	36,17
Bakchides kämpft mit Jonatan am Jordan	1. Makkabäer	9,43

Bakchides schließt Frieden mit Jonatan	1. Makkabäer	9,57
Baruchs Schriftrolle	Jeremia	36,1
Bascha König von Israel	1. Könige	15,33
Bau der Stadtmauer von Jerusalem	Nehemia	3,1
Bedrängnis der Gemeinde und das gerechte Gericht Gottes	2. Thessalon.	1,3
Befragung der Prophetin Hulda	2. Könige	22,14
	2. Chronik	34,22
Befreiung vom Gesetz durch Christus	Galater	4,1
Der Begleiter des jungen Tobias	Tobias	5,1
Begnadigung des Königs Jojachin	Jeremia	52,31
Behinderung des Tempelbaus	Esra	4,1
Bekehrung Ägyptens und Assyriens	Jesaja	19,18
Bekehrung der Lydia	Apostelgesch.	16,14
Bekehrung des Kerkermeisters	Apostelgesch.	16,25
Bekehrung des Saulus	Apostelgesch.	9,1
Bekenntnis der Hoffnung	Hebräer	10,19
Bekenntnis des Petrus	Matthäus	16,13
	Markus	8,27
	Lukas	9,18
	Johannes	6,66
Belsazars Gastmahl	Daniel	5,1
Benachrichtigung der Gemeinde in Antiochia	Apostelgesch.	15,30
Ben-Hadads Tod	2. Könige	8,7
Benjamins Geburt und Rahels Tod	1. Mose	35,16
Bereitschaft der Gemeinde zum Leiden für Christus	Philipper	1,27
Bergpredigt	Matthäus	5,1
Berufung der Heiden als Hoffnung		

für Israel	Römer	11,11
Berufung der zwölf Apostel	Matthäus	10,1
	Markus	3,13
	Lukas	6,12
Berufung des Levi (Matthäus)	Matthäus	9,9
	Markus	2,13
	Lukas	5,27
Berufung des Paulus zum Apostel	Galater	1,11
Beschlüsse der Apostelversammlung	Apostelgesch.	15,22
Beschneidung des Sohnes Moses	2. Mose	4,24
Beschneidung Jesu	Lukas	2,21
Beschneidung Johannes des Täufers	Lukas	1,59
Bestattung der Gebeine Josefs	Josua	24,32
Bestechung der Wache durch die Juden	Matthäus	28,11
Besuch der Königin von Saba bei Salomo	1. Könige	10,1
	2. Chronik	9,1
Besuch der Maria bei Elisabeth	Lukas	1,39
Besuch des Herrn bei Abraham in Mamre	1. Mose	18,1
Beten	Matthäus	6,5
Bewachung des Grabes Jesu	Matthäus	27,62
Bewährung des Apostels Paulus in seinem Dienst	2. Korinther	6,1
Bildads Reden an Hiob	Hiob	8,1
	Hiob	18,1
	Hiob	25,1
Bileam soll Israel verfluchen, aber er muß es segnen	4. Moses	22,1
Bitte für den sündigen Bruder	1. Johannes	5,13

Boas heiratet Rut	Rut	4,1
Bosheit der Söhne Elis	1. Samuel	2,12
Die Botschaft der drei Engel	Offenbarung	14,6
Das brausende Völkermeer	Jesaja	17,12
Bruch zwischen Samuel und Saul	1. Samuel	13,15
Bruderkrieg zwischen Ephraim und Juda	Hosea	5,8
Bruderliebe	1. Johannes	2,7
Brunnenstreit Isaaks mit den Philistern	1. Mose	26,12
Das Buch mit den sieben Siegeln	Offenbarung	5,1
Bund der Beschneidung	1. Mose	17,9
Der Bundesbruch des Volkes und Gottes Gericht	Jeremia	11,1
Die Bundeslade bei den Philistern	1. Samuel	5,1
Die Bundeslade kommt zurück	1. Samuel	6,1
Bundesschluß am Sinai	2. Mose	24,1
Bundesverheißung und Erscheinung Gottes	2. Mose	19,3
Der Bund Gottes mit seinem Volk am Sinai	2. Mose	19,1
Bußgebet der Verbannten	Baruch	1,15
Bußgebet des Volkes	Nehemia	9,1
	Jesaja	63,7
Bußpredigt Johannes des Täufers	Matthäus	3,7
	Lukas	3,7
Bußruf an die Juden	Lukas	13,1

C

Des Christen Waffenrüstung	ab	Epheser	6,10
Christi Geburtsstadt und Reich		Micha	5,1
Christi Kreuz unser ein und alles		Galater	6,11
Christi Leidenspsalm		Psalm	22,1
Der Christ in der Anfechtung		Jakobus	1,2
Der Christ in der Welt		Titus	3,1
Die christliche Haustafel		Epheser	5,21
		Kolosser	3,18
Christus, der Erste in Schöpfung und Erlösung		Kolosser	1,15
Christus, der Hohepriester nach der Ordnung Melchisedeks		Hebräer	7,1
Christus der leidende Hohepriester		Hebräer	5,7
Christus der wahre Hohepriester		Hebräer	4,14
Christus höher als Aaron		Hebräer	5,4
Christus höher als Mose		Hebräer	3,1

D

Daniel deutet die Geisterschrift	ab	Daniel	5,17
Daniel deutet Nebukadnezars Traum vom Baum		Daniel	4,16
Daniel in der Löwengrube		Daniel	6,1
Daniels Bußgebet für sein Volk		Daniel	9,1
Daniels Gesicht vom Widder und Ziegenbock		Daniel	8,1
Daniels Gesicht von den vier Tieren		Daniel	7,1
Daniels Traumdeutung		Daniel	2,16

Daniel und seine Freunde am babylonischen Hof	Daniel	1,1
Dank des Apostels Paulus für die Gabe der Gemeinde	Philipper	4,10
Dank für Gottes reiche Gaben in Korinth	1. Korinther	1,4
Dank für Gottes Trost in Bedrängnis	2. Korinther	1,3
Dankgebet	Sirach	51,1
Danklied der Erlösten	Jesaja	12,1
	Jesaja	25,1
Dank und Fürbitte für die Gemeinde	Philipper	1,3
	Kolosser	1,3
Darstellung Jesu im Tempel	Lukas	2,22
David bei den Priestern von Nob	1. Samuel	21,1
David bei König Achisch von Gat	1. Samuel	21,11
David bekennt seine Sünde	2. Samuel	12,13
David erobert Jerusalem	2. Samuel	5,6
	1. Chronik	11,4
David gewinnt Sauls Tochter zur Frau	1. Samuel	18,17
David gibt Salomo den Entwurf des Tempels	1. Chronik	28,11
David holt die Bundeslade nach Jerusalem	2. Samuel	6,1
	1. Chronik	13,1
	1. Chronik	15,1
		(Fort.)
David im Land der Philister	1. Samuel	27,1
David in der Wüste Sif	1. Samuel	23,14
David in Keïla	1. Samuel	23,1
David König über ganz Israel	2. Samuel	5,1
	1. Chronik	11,1

David König über Juda	2. Samuel	2,1
David kommt an Sauls Hof	1. Samuel	16,14
David läßt den Überbringer von Sauls Krone töten	2. Samuel	1,1
David läßt die Gebeine Sauls und seiner Nachkommen bestatten	2. Samuel	21,10
Davids Abschied von Jonatan	1. Samuel	20,35
Davids Dankgebet	2. Samuel	7,17
	1. Chronik	17,15
	1. Chronik	29,9
Davids Danklied	2. Samuel	22,1
	1. Chronik	16,7
	Psalm	18,1
Davids Ehebruch und Blutschuld	2. Samuel	11,1
Davids Entkräftung	1. Könige	1,1
Davids Flucht vor Absalom	2. Samuel	15,13
Davids Großmut gegen Jonatans Sohn Mefi-Boschet	2. Samuel	9,1
Davids Helden und ihre Taten	2. Samuel	23,8
	1. Chronik	11,10
Davids Kampf mit den Ammonitern	2. Samuel	10,1
	1. Chronik	19,1
Davids Klagelied über Saul und Jonatan	2. Samuel	1,17
Davids Krieger und deren Heldentaten gegen die Philister	2. Samuel	21,15
	1. Chronik	20,4
Davids Kriege und Siege	2. Samuel	8,1
	1. Chronik	18,1
Davids letzte Worte	2. Samuel	23,1
Davids Mitkämpfer in Ziklag zur		

Zeit Sauls	1. Chronik	12,1
Davids Opfer auf der Tenne Araunas	2. Samuel	24,18
	1. Chronik	21,15
Davids Rückkehr nach Jerusalem	2. Samuel	19,10
Davids Siege über die Philister	2. Samuel	5,17
	1. Chronik	14,8
Davids Sieg über die Amalekiter	1. Samuel	30,1
Davids Stammbaum	Rut	4,17
Davids Testament und sein Tod	1. Könige	2,1
Davids Tod	1. Chronik	29,26
Davids Trauer um Absalom	2. Samuel	18,19
Davids Volkszählung wird bestraft	2. Samuel	24,1
	1. Chronik	21,1
David überträgt Salomo den Tempelbau	1. Chronik	22,2
David und Abigajil	1. Samuel	25,3
David und Batseba	2. Samuel	11,1
David und Goliat	1. Samuel	17,1
David und Jonatan befestigen ihren Freundschaftsbund	1. Samuel	20,1
David und Nabal	1. Samuel	25,1b
David und Ziba	2. Samuel	16,1
David verschont Saul in der Höhle von En-Gedi	1. Samuel	24,1
David verschont Saul zum zweitenmal	1. Samuel	26,1
David wird Anführer einer Streifschar	1. Samuel	22,1
David wird Jonatans Freund	1. Samuel	18,1
David wird von den Philistern zurückgeschickt	1. Samuel	29,1

David wird von Michal gerettet	1. Samuel	19,11
David wird von Samuel zum König gesalbt	1. Samuel	16,1
David wird von Schimi verflucht	2. Samuel	16,5
Deboras und Baraks Kampf und Sieg	Richter	4,1
Deboras und Baraks Siegeslied	Richter	5,1
Demetrius II. Nikator erlangt die Alleinherrschaft über Syrien	1. Makkabäer	11,1
Demetrius II. Nikator gerät in Medien in Gefangenschaft	1. Makkabäer	14,1
Demetrius I. Soter bestimmt Bakchides zum Statthalter und Alkimus zum Hohenpriester	1. Makkabäer	7,1
Demetrius I. Soter schickt Nikanor gegen die Juden	2. Makkabäer	14,1
Demütigung der Heiden	Sacharja	9,1
Deutung der Vision von dem goldenen Leuchter und den zwei Ölbäumen	Sacharja	4,11
Deutung des Gleichnisses vom Sämann	Matthäus	13,18
	Markus	4,13
	Lukas	8,11
Deutung des Gleichnisses vom Unkraut unter dem Weizen	Matthäus	13,36
Dienst des Timotheus	1. Timotheus	4,6
Das dreifache Weh	Offenbarung	8,13
Die drei Männer im Feuerofen	Daniel	3,1
Dreimalige Frage an Petrus	Johannes	21,15
Dritte Leidensankündigung	Matthäus	20,17
	Markus	10,32
	Lukas	18,31

Dritte Missionsreise des Paulus	Apostelgesch.	18,23
Drohung gegen das gottlose Jerusalem	Zefanja	3,1
Drohung gegen die Führer Israels	Hosea	5,1

E

Die Edomiter verweigern dem Volk Israel den Durchzug	ab 4. Mose	20,14
Ehebruch	Matthäus	5,27
Ehelosigkeit	Matthäus	19,10
Ehescheidung	Matthäus	5,31
	Matthäus	19,1
	Markus	10,1
	1. Korinther	7,10
Ehescheidungsvorschriften	5. Mose	24,1
Ehe und Ehelosigkeit	1. Korinther	7,1
Ehe- und Keuschheitsgesetze	3. Mose	18,1
Ein feste Burg ist unser Gott	Psalm	46,1
Einführung des Purimfestes	Ester	9,20
Ein guter Streiter Jesu Christi	2. Timotheus	2,1
Einheit der Gemeinde aus Juden und Heiden	Epheser	2,11
Einheit im Geist und die Vielfalt der Gaben	Epheser	4,1
Ein Prophet verkündet Jerobeam eine Strafe für seine Abgötterei	1. Könige	13,1
Einsetzung des Passafestes	2. Mose	12,1
Einsetzung von Richtern	2. Mose	18,13
Einweihung der Stadtmauer Jerusalems	Nehemia	12,27

Ela König von Israel	1. Könige	16,8
Eleasar gibt ein Beispiel tapferen Sterbens	2. Makkabäer	6,18
Eleasars Tod	Josua	24,33
Elia am Bach Krit	1. Könige	17,1
Elia bei der Witwe in Zarpat	1. Könige	17,8
Elias Gottesbegegnung am Horeb	1. Könige	19,1
Elias Himmelfahrt – Elisa tritt seine Nachfolge an	2. Könige	2,1
Elia und Obadja	1. Könige	18,1
Elifas Reden an Hiob	Hiob	4,1
	Hiob	15,1
	Hiob	22,1
Elihus Reden	Hiob	32,1
Elisa heilt Naaman vom Aussatz	2. Könige	5,1
Elisa macht ein Eisen schwimmend	2. Könige	6,1
Elisa macht eine Quelle gesund	2. Könige	2,19
Elisa macht schädliche Speise gesund	2. Könige	4,38
Elisa mehrt das Öl der Witwe	2. Könige	4,1
Elisa schlägt die Aramäer mit Blindheit	2. Könige	6,8
Elisa speist viele mit zwanzig Broten	2. Könige	4,42
Elisa straft die spottenden Knaben	2. Könige	2,23
Elisa straft Gehasis Habsucht mit Aussatz	2. Könige	5,19b
Elisas Weissagung und Tod	2. Könige	13,14
Elisa und die Schunemiterin	2. Könige	8,1
Elisa verheißt der Schunemiterin einen Sohn und erweckt das tote Kind	2. Könige	4,8
Elis Tod	1. Samuel	4,12

Eljakims Untergang	Jesaja	22,20
Empfehlung der Phöbe	Römer	16,1
Empörung der ganzen Gemeinde gegen Mose und Aaron	4. Mose	17,6
Ende der babylonischen Gefangenschaft	2. Chronik	36,22
	Esra	1,1
Ende des Tempels	Matthäus	24,1
	Markus	13,1
	Lukas	21,5
Das Ende des Tieres und des falschen Propheten	Offenbarung	19,17
Endzeitreden	Matthäus	24,1
	Markus	13,1
	Lukas	21,5
Der Engel mit dem Büchlein	Offenbarung	10,1
Die Engel mit den sieben Plagen	Offenbarung	15,1
Die Enthauptung Johannes des Täufers	Matthäus	14,1
	Markus	6,14
	Lukas	9,7
Entstehung des Volkes der Samariter	2. Könige	17,24
Erbe des Glaubens	Hebräer	4,1
Erhörung des Gebets	Matthäus	7,7
	Lukas	11,9
Erinnerung an Israels Untreue	5. Mose	9,7
Ermahnungen und Grüße des Paulus	1. Korinther	16,13
	2. Korinther	13,11
	1. Thessalon.	5,12
Ermahnung und Bitte um das Kommen Jesu	Offenbarung	22,16

Ermahnung zum Gebet und zum rechten Wort	Kolosser	4,2
Ermahnung zum Gehorsam gegen das Gesetz	5. Mose	4,1
Ermahnung zur Buße	Sacharja	1,1
Ermahnung zur Dankbarkeit gegen den Herrn	5. Mose	8,1
Ermahnung zur Demut	5. Mose	9,1
Ermahnung zur Festigkeit im Glauben	Kolosser	2,1
Ermahnung zur Heiligung	1. Thessalon.	4,1
Ermahnung zur Liebe und zum Gehorsam gegen den Herrn	5. Mose	6,1
Ermahnung zur Sabbatheiligung	Jeremia	17,19
Ermahnung zur Wachsamkeit	Matthäus	24,37
	Lukas	12,35
	Lukas	21,34
Ermutigung zum Weiterbau des Tempels	Haggai	2,15
Erneuerung des Bundes mit Gott	Nehemia	10,1
Erniedrigung und Erhöhung Christi	Hebräer	2,5
Ernte und Weinlese	Offenbarung	14,14
Eroberung der Stadt Ai	Josua	8,1
Eroberung des Landes Kanaan	Josua	1,1
Eroberung Samarias	2. Könige	17,5
Eroberung von Rabba	2. Samuel	12,26
Errettung der Frau	Offenbarung	12,13
Errettung eines Restes von Israel	Jesaja	10,20
Errichtung des Altars	1. Chronik	21,18
Erscheinungen des Auferstandenen	Markus	16,9
	Lukas	24,36

		Johannes	20,11
Erscheinung Jesu vor den Frauen		Matthäus	28,9
Erste Christen in Antiochia		Apostelgesch.	11,19
Die erste Gemeinde		Apostelgesch.	2,37
Erste Leidensankündigung		Matthäus	16,21
		Markus	8,31
		Lukas	9,22
Erste Missionsreise des Paulus: Zypern		Apostelgesch.	13,1
Erste Wegführung nach Babel		2. Könige	24,10
Erwählung und Bestrafung		Amos	3,1
Die Erzväter: Abraham, Isaak und Jakob		1. Mosc	11,10
Esaus erste Ehe		1. Mose	26,34
Esaus und Jakobs Geburt		1. Mose	25,19
Esaus zweite Ehe		1. Mose	28,6
Esau verkauft sein Erstgeburtsrecht		1. Mose	25,29
Esra liest das Gesetz vor		Nehemia	8,1
Esras Bußgebet wegen der Mischehen		Esra	9,1
Esras Reise nach Jerusalem		Esra	7,1
Ester geht zum König		Ester	5,1
		St. zu Ester	4,1
Esters Gebet		St. zu Ester	3,1
Ester wird Königin		Ester	2,15
Das Evangelium als Kraft Gottes		Römer	1,16

F

Falsche Enthaltsamkeit	ab	1. Timotheus	4,1
Falsches und echtes Fasten		Jesaja	58,1

Fasten	Matthäus	6,16
Fastenfrage	Sacharja	7,1
Feier des Laubhüttenfestes	Nehemia	8,13
Feindesliebe	Matthäus	5,43
	Lukas	6,27
Feindschaft des Herodes	Lukas	13,31
Feldpredigt	Lukas	6,17
Feldzug der Könige	1. Mose	14,1
Feldzug des Holofernes	Judit	2,1
Der feste Grund des Glaubens	2. Petrus	1,16
Fischzug des Petrus	Lukas	5,1
Fluch	3. Mose	26,14
Flucht nach Ägypten	Matthäus	2,13
Forderung an die Nachfolger	Matthäus	10,37
	Lukas	14,26
Frage der Pharisäer wegen der Steuer	Matthäus	22,15
	Markus	12,13
	Lukas	20,20
Frage der Sadduzäer wegen der Auferstehung	Matthäus	22,23
	Markus	12,18
	Lukas	20,27
Frage des Propheten Habakuk nach Gottes Gerechtigkeit	Habakuk	1,12
Die Frage eines Reichen nach dem ewigen Leben	Matthäus	19,16
	Markus	10,17
	Lukas	18,18
Die Frau und der Drache	Offenbarung	12,1
Freiheit vom Gesetz	Römer	7,1
Der fremde Dämonenaustreiber	Markus	9,38

		Lukas	9,49
Die Freude des Paulus über die Reue der Gemeinde		2. Korinther	7,5
Freudenmahl der Völker auf Zion		Jesaja	25,6
Freundschaft mit der Welt und Feindschaft gegen Gott		Jakobus	4,1
Der Friede Christi		Johannes	14,27
Frieden mit Gott		Römer	5,1
Die frohe Botschaft der kommenden Herrlichkeit		Jesaja	61,1
Die fünfte Posaune; erstes Weh		Offenbarung	9,1
Fürbitte des Apostels Paulus für die Gemeinde		Epheser	3,14
Fürsprache für Onesimus		Philemon	1,8
Fußwaschung		Johannes	13,1

G

Gabaël auf der Hochzeit von Tobias und Sara	ab	Tobias	9,1
Gabriel offenbart Daniel das Geheimnis der siebzig (Jahr-) Wochen		Daniel	9,20
Gang nach Emmaus		Lukas	24,13
Die Gastfreundschaft des Gajus		3. Johannes	1,5
Gebet der Gemeinde		Apostelgesch.	4,23
		1. Timotheus	2,1
Gebet des Gottesvolkes um Hilfe gegen seine Feinde		Sirach	36,1
Gebet des Volkes in seiner tiefsten Erniedrigung		Klagelieder	5,1

Gebet für die Kranken	Jakobus	5,13
Gebet um Erkenntnis der Herrlichkeit Christi	Epheser	1,15
Gebot der Liebe	Johannes	15,9
Geburt Johannes des Täufers	Lukas	1,57
Geburt Salomos	2. Samuel	12,24
Gedalja, Statthalter von Juda, wird ermordet	2. Könige	25,22
Gefährdung der Ahnfrau	1. Mose	12,10
	1. Mose	20,1
	1. Mose	26,6
Gefahr des Reichtums	Sirach	31,1
	Matthäus	19,23
	Markus	10,23
	Lukas	18,24
Gefangennahme Johannes des Täufers	Lukas	3,19
Die gefüllten Weinkrüge	Jeremia	13,12
Gegen das verblendete Volk und seine Verführer	Jeremia	8,4
Gegen den Götzendienst	Hesekiel	14,1
Gegen den Vorwurf der Unwahrhaftigkeit	2. Korinther	1,12
Gegen den Wucher der Ausbeuter	Amos	8,4
Gegen die bösen Hirten	Jeremia	23,1
Gegen die falschen Propheten und Prophetinnen	Hesekiel	13,1
Gegen die Frauen von Samaria	Amos	4,1
Gegen die führenden Männer in Juda	Micha	3,1
Gegen die Leugnung der Auferstehung der Toten	1. Korinther	15,12

Gegen die Pharisäer und Schriftgelehrten	Matthäus	23,1
	Markus	12,38
	Lukas	11,37
	Lukas	20,45
Gegen die treulosen Hirten des Volkes	Sacharja	11,4
Gegen die Überheblichkeit der Korinther	1. Korinther	4,6
Gegen die Unterdrücker	Amos	5,4
Gegen die Verächter der Weissagung	Hesekiel	12,21
Gegen die Verächter des göttlichen Wortes	Jesaja	30,8
Gegen die Verfälschung des Evangeliums	Galater	1,6
Gegen die Vermessenen in Israel	Jesaja	45,9
Gegen Ehen mit heidnischen Frauen und gegen Ehescheidungen	Maleachi	2,10
Gegen falschen Gottesdienst	Jeremia	7,16
Gegen Israels Könige und ihre Bündnisse	Hosea	6,7
Gegen Lug und Trug in Jerusalem	Micha	6,9
Gegen Selbstsicherheit und Schwelgerei der Vornehmen in Israel	Amos	6,1
Gegen veräußerlichten Gottesdienst und Opferkult	Amos	5,21
Gegen voreiliges Richten	1. Korinther	4,1
Geheiligtes Leben	1. Petrus	1,13
Geheimnis der Sterne und Leuchter	Offenbarung	1,17
Das Geheimnis des Glaubens	1. Timotheus	3,14
Gehorsam der Rechabiter	Jeremia	35,1
Gehorsam gegen das Wort Christi	Hebräer	2,1

Der Geist der Wahrheit und der Geist des Irrtums	1. Johannes	4,1
Die Geisterschrift an der Wand	Daniel	5,5
Geldsammlung der Juden und ihr Brief nach Jerusalem	Baruch	1,3
Geldsammlung für die Gemeinde in Jerusalem	1. Korinther	16,1
	2. Korinther	8,1
Geltung des Gesetzes und Ehescheidung	Lukas	16,16
Die Gemeinde Gottes wächst über ihre Grenzen	Jesaja	56,1
Gerechtigkeit aus Glauben oder aus dem Gesetz?	Galater	3,1
Das Gericht über die Reichen	Jakobus	5,1
Gericht über Juda und die Völker	Jesaja	8,5
Der Gesang der drei Männer im Feuerofen	St. zu Daniel	3,27
Geschichte des Antiochus Epiphanes	Daniel	11,21
Geschichte von Susanna und Daniel	St. zu Daniel	1,1
Das Geschick der Gottlosen und der Frommen	Jesaja	57,1
Geschlechtsregister: Sem bis Abram	1. Mose	11,10
Gesetzesgerechtigkeit und Glaubensgerechtigkeit	Römer	9,30
Gesetzes- und Glaubenskinder	Galater	4,21
Die Gesichte von der künftigen Gottesstadt	Hesekiel	40–48
Gespräch über Elia und Johannes den Täufer	Matthäus	17,9
	Markus	9,9

Gewißheit über die Wiederkunft des Herrn	2. Petrus	3,1
Gibeons Rache an Saul	2. Samuel	21,1
Gideons Abgötterei	Richter	8,22
Gideons Kinder und Tod	Richter	8,28
Gideons Sieg über die Midianiter	Richter	7,1
Gideon zum Richter berufen	Richter	6,11
Glaubensgerechtigkeit	Römer	10,1
Glaubensweg der Christen	Hebräer	12,1
Glaubensweg im alten Bund	Hebräer	11,1
Glaube ohne Werke ist tot	Jakobus	2,14
Glaube und Liebe des Philemon	Philemon	1,4
Gleichnis vom Ackermann	Jesaja	28,23
Gleichnis vom Auge	Matthäus	6,22
	Lukas	11,33
Gleichnis vom barmherzigen Samariter	Lukas	10,25
Gleichnis vom bittenden Freund	Lukas	11,5
Gleichnis vom Dieb in der Nacht	Matthäus	24,42
Gleichnis vom dienenden Knecht	Lukas	17,7
Gleichnis vom Fischnetz	Matthäus	13,47
Gleichnis vom großen Abendmahl	Matthäus	22,1
	Lukas	14,15
Gleichnis vom grünenden Feigenbaum	Matthäus	24,32
	Markus	13,28
	Lukas	21,29
Gleichnis vom guten und bösen Knecht	Matthäus	24,45
Gleichnis vom Haus auf dem Felsen	Matthäus	7,24
	Lukas	6,47

Gleichnis vom Pharisäer und Zöllner	Lukas	18,9
Gleichnis vom reichen Kornbauern	Lukas	12,16
Gleichnis vom reichen Mann und armen Lazarus	Lukas	16,19
Gleichnis vom rostigen Topf	Hesekiel	24,1
Gleichnis vom Sämann	Matthäus	13,1
	Markus	4,1
	Lukas	8,4
Gleichnis vom Sauerteig	Matthäus	13,33
	Lukas	13,20
Gleichnis vom Schaf des armen Mannes	2. Samuel	12,1
Gleichnis vom Schalksknecht	Matthäus	18,23
Gleichnis vom Schatz im Acker	Matthäus	13,44
Gleichnis vom Scheiden der Schafe von den Böcken	Matthäus	25,31
Gleichnis vom Schmelzofen	Hesekiel	22,17
Gleichnis vom Senfkorn	Matthäus	13,31
	Markus	4,30
	Lukas	13,18
Gleichnis vom Töpfer	Jeremia	18,1
Gleichnis vom Türhüter	Markus	13,33
Gleichnis vom Turm und Kriegszug	Lukas	14,28
Gleichnis vom unbrauchbaren Rebholz	Hesekiel	15,1
Gleichnis vom unfruchtbaren Feigenbaum	Lukas	13,6
Gleichnis vom ungerechten Haushalter	Lukas	16,1
Gleichnis vom ungerechten Richter und der bittenden Witwe	Lukas	18,1

Gleichnis vom Unkraut unter dem Weizen	Matthäus	13,24
Gleichnis vom verlorenen Groschen	Lukas	15,8
Gleichnis vom verlorenen Schaf	Matthäus	18,12
	Lukas	15,1
Gleichnis vom verlorenen Sohn	Lukas	15,11
Gleichnis vom wahren Weinstock	Johannes	15,1
Gleichnis vom Waldbrand	Hesekiel	21,1
Gleichnis vom Zedernwipfel und vom Weinstock	Hesekiel	17,1
Gleichnis von den anvertrauten Geldern	Matthäus	25,14
	Lukas	19,11
Gleichnis von den Arbeitern im Weinberg	Matthäus	20,1
Gleichnis von den bösen Weingärtnern	Matthäus	21,33
	Markus	12,1
	Lukas	20,9
Gleichnis von den Lilien auf dem Felde	Matthäus	6,28
	Lukas	12,27
Gleichnis von den obersten Plätzen	Lukas	14,7
Gleichnis von den ungleichen Söhnen	Matthäus	21,28
Gleichnis von den zehn Jungfrauen	Matthäus	25,1
Gleichnis von den zuchtlosen Schwestern Ohola und Oholiba	Hesekiel	23,1
Gleichnis von der Perle	Matthäus	13,45
Gleichnis von der selbstwachsenden Saat	Markus	4,26
Gleichnis von der verschlossenen Tür	Lukas	13,22

Gnadengaben im Dienst der Gemeinde	Römer	12,3
Gnadenverheißung	Jesaja	57,14
Gnade über das abtrünnige Israel	Jesaja	48,1
Gog und Magog	Offenbarung	20,7
Das goldene Kalb	2. Mose	32,1
Goldene Regel	Matthäus	7,12
Gott bereitet Mose auf seinen Tod vor	5. Mose	32,48
Gott erlöst sein Volk	Jesaja	43,1
Gott erscheint zum Gericht über Israel und Juda	Micha	1,1
Gottes Anklage gegen das abtrünnige Volk	Jesaja	1,2
Gottes Botschaft an das Land Kusch	Jesaja	18,1
Gottes Bund mit Noah	1. Mose	9,1
Gottes Erbarmen mit seiner Schöpfung	Weisheit	11,17
Gottes Gericht durch die Chaldäer	Habakuk	1,5
Gottes Gericht kommt bald	Maleachi	2,17
Gottes Gericht über Ägypten	Hesekiel	30,1
Gottes Gericht über Ammon	Hesekiel	25,1
Gottes Gericht über Assyrien	Jesaja	30,27
Gottes Gericht über Babel	Jesaja	13,1
	Jesaja	47,1
Gottes Gericht über das unbußfertige Nordreich	Jesaja	9,7
Gottes Gericht über den König von Tyrus	Hesekiel	28,1
Gottes Gericht über die Erde	Jesaja	24,1
Gottes Gericht über die Gottlosen	Jesaja	66,15

Gottes Gericht über die Heiden	Joel	4,1
Gottes Gericht über die Herren Jerusalems und seine eitlen Frauen	Jesaja	3,1
Gottes Gericht über die Irrlehrer	2. Petrus	2,1
	Judas	1,3
Gottes Gericht über die Obersten des Volkes	Hesekiel	11,1
Gottes Gericht über die Philister	Hesekiel	25,15
Gottes Gericht über die Priester und Propheten in Jerusalem	Jesaja	28,7
Gottes Gericht über die Unbrüderlichkeit	Sacharja	7,7
Gottes Gericht über Edom	Jesaja	34,1
	Jesaja	63,1
	Hesekiel	25,12
	Hesekiel	35,1
Gottes Gericht über Ephraim	Hosea	13,1
Gottes Gericht über Königtum und Götzendienst	Hosea	10,1
Gottes Gericht über Macht und Stolz	Jesaja	2,6
Gottes Gericht über Moab	Hesekiel	25,8
Gottes Gericht über Ninive	Nahum	1,1
Gottes Gericht über Samaria	Jesaja	28,1
Gottes Gericht über Sidon	Hesekiel	28,20
Gottes Gericht über Tyrus	Hesekiel	26,1
Gottes Gericht über Tyrus und Sidon	Jesaja	23,1
Gottes Gericht zur Läuterung Jerusalems	Jesaja	1,21
Gottes Gnadenzusage	Joel	2,18
Gotteskindschaft der Christen	Römer	8,14
Gottes Liebe zu Israel	Maleachi	1,1

Gottes Schutz für Jerusalem	Sacharja	12,1
Gottessöhne und Menschentöchter	1. Mose	6,1
Gottes Sohn höher als die Engel	Hebräer	1,1
Gottes unabwendbares Gericht über Israels Nachbarn und über sein eigenes Volk	Amos	1,1
Gottes unwandelbare Treue	Römer	3,1
Das Gottesurteil auf dem Karmel	1. Könige	18,21
Gottes Verheißung für David und sein Königtum	2. Samuel	7,1
	1. Chronik	17,1
Gottes Wunder beim Auszug aus Ägypten	Psalm	114,1
Gottes Zeugnis von seinem Sohn	1. Johannes	5,6
Gott führt sein Volk aus Babel	Jesaja	43,14
Die Gottlosigkeit der Heiden	Römer	1,18
Gott rechtfertigt Hiob gegenüber seinen Freunden	Hiob	42,7
Gott ruft die Feinde ins Land zum Endgericht	Jesaja	5,25
Gott ruft sein Volk in die Freiheit	Jesaja	52,1
Gott tilgt Israels Sünde	Jesaja	43,22
Gott überwindet die Sünde seines Volkes	Jesaja	59,1
Gott verheißt seinem Volk eine neue Gnadenzeit	Jesaja	54,1
Grab der Patriarchen	1. Mose	23,1
Greuel des Götzendienstes im Tempel	Hesekiel	8,1
Das große Halleluja	Psalm	150,1
Die große Hure Babylon	Offenbarung	17,1

Die große Schar aus allen Völkern	Offenbarung	7,9
Grüße der Mitarbeiter des Paulus	Römer	16,21
Grüße des Paulus	Römer	16,3
Grüße und Segenswünsche des Paulus	Epheser	6,21
	Philipper	4,21
	Kolosser	4,7
	2. Thessalon.	3,17
	2. Timotheus	4,19
	Titus	3,15
	Philemon	1,23
Grüße und Segenswunsch des Petrus	1. Petrus	5,10
Grundlage christlicher Gemeinschaft	1. Johannes	1,1
Gruß an die sieben Gemeinden	Offenbarung	1,4
Das güldene ABC	Psalm	119,1
Gütergemeinschaft der ersten Christen	Apostelgesch.	4,32
Der gute Hirte	Psalm	23,1
Der gute Hirte und seine Schafe	Johannes	10,22

H

Habakuks Psalm ab	Habakuk	3,1
Hagar und Ismael	1. Mose	16,1
Haman muß Mordechai ehren	Ester	6,1
Hamans Anschlag gegen die Juden	Ester	3,1
Haman will Mordechai töten	Ester	5,9
Haman wird an den Galgen gehängt	Ester	7,1
Hananias und Saphira	Apostelgesch.	5,1
Hannas Gebet und Erhöhung	1. Samuel	1,1
Hasaël König von Aram	2. Könige	8,13

Hasaëls Zug gegen Jerusalem	2. Könige	12,18
Der Haß der Welt	Johannes	15,18
Der Hauptmann Kornelius	Apostelgesch.	10,1
Der Hauptmann von Kapernaum	Matthäus	8,5
	Lukas	7,1
Heiland der Bedrückten	Matthäus	11,28
Die heilbringende Gnade	Titus	2,11
Heil der Endzeit	Jesaja	4,2
Heiligtum des alten Bundes	Hebräer	9,1
Heiligtum und Opfer Christi	Hebräer	9,11
Heiligung der Erstgeburt Israels	2. Mose	13,1
Heilung der Blutflüssigen	Matthäus	9,18
	Markus	5,21
	Lukas	8,40
Heilung der verkrümmten Frau am Sabbat	Lukas	13,10
Heilung des besessenen Geraseners	Markus	5,1
	Lukas	8,26
Heilung des Sohnes eines königlichen Beamten	Johannes	4,43
Heilung eines Aussätzigen	Matthäus	8,1
	Markus	1,40
	Lukas	5,12
Heilung eines Besessenen in Kapernaum	Markus	1,21
	Lukas	4,31
Heilung eines besessenen Stummen	Matthäus	9,32
Heilung eines Blinden	Matthäus	20,29
	Markus	10,46
	Lukas	18,35
Heilung eines Blinden aus Betsaida	Markus	8,22

Heilung eines Blindgeborenen	Johannes	9,1
Heilung eines epileptischen Knaben	Matthäus	17,14
	Markus	9,14
	Lukas	9,37
Heilung eines Gelähmten	Matthäus	9,1
	Markus	2,1
	Lukas	5,17
Heilung eines Gelähmten durch Petrus und Johannes	Apostelgesch.	3,1
Heilung eines Kranken am Teich Betesda	Johannes	5,1
Heilung eines Taubstummen	Markus	7,31
Heilungen in Genezareth	Matthäus	14,34
	Markus	6,53
Heilung von zehn Aussätzigen	Lukas	17,11
Heilung zweier besessener Gadarener	Matthäus	8,28
Heilung zweier Blinder	Matthäus	9,27
	Matthäus	20,29
Heimkehr der Zerstreuten	Jesaja	66,18
Heimkehr des erlösten Volkes	Jesaja	35,1
Das helle Licht des Evangeliums	2. Korinther	4,1
Herrlichkeit der Gotteskindschaft	1. Johannes	3,1
Die Herrlichkeit des Dienstes im neuen Bund	2. Korinther	3,7
Des Herrn tröstendes Wort für sein Volk	Jesaja	40,1
Herstellung des Heiligtums	2. Mose	36,8
Hesekiels Berufung	Hesekiel	2,1
Hesekiel schaut die Herrlichkeit des Herrn	Hesekiel	1,1

Heuschreckenplage und der Tag des Herrn	Joel	1,1
Himmelserscheinungen beunruhigen Jerusalem	2. Makkabäer	5,1
Der himmlische Hohepriester	Hebräer	8,1
Hinrichtung des Propheten Uria	Jeremia	26,20
Hiob beteuert seinen unsträflichen Wandel vor Gott und den Menschen	Hiob	31,1
Hiob bewährt sich in schwerer Prüfung	Hiob	1,6
Hiobs Antworten an Bildad	Hiob	9,1
	Hiob	19,1
	Hiob	26,1
Hiobs Antworten an den Herrn	Hiob	40,1
	Hiob	42,1
Hiobs Antworten an Elifas	Hiob	6,1
	Hiob	16,1
	Hiob	23,1
Hiobs Antworten an Zofar	Hiob	12,1
	Hiob	21,1
Hiobs Frömmigkeit und Glück	Hiob	1,1
Hiobs früheres Glück	Hiob	29,1
Hiobs gesegnetes Ende	Hiob	42,10
Hiobs jetziges Unglück	Hiob	30,1
Hiobs Klage	Hiob	3,1
Hiob wird von drei Freunden besucht	Hiob	2,11
Hiskia König von Juda	2. Könige	18,1
	2. Chronik	29,1
Hiskias Danklied	Jesaja	38,9
Hiskias Gebet	2. Könige	19,1

Hiskias Krankheit und Genesung	2. Könige	20,1
	2. Chronik	32,24
	Jesaja	38,1
Hiskias sträfliche Eitelkeit und Tod	2. Könige	20,12
	2. Chronik	32,27
Hiskia und die Gesandten aus Babel	Jesaja	39,1
Das Hochzeitsmahl des Lammes	Offenbarung	19,6
Hochzeitsnacht und Freudenmahl des Tobias und der Sara	Tobias	8,1
Hochzeit zu Kana	Johannes	2,1
Hören und Tun des Wortes	Jakobus	1,19
Hoffnung der Gemeinde auf Gottes Gnade	Micha	7,8
Hoffnung für die Schöpfung und Gewißheit des Heils	Römer	8,18
Das Hohelied der Liebe	1. Korinther	13,1
Das Hohelied der Weisheit	Sirach	24,1
Das hohepriesterliche Gebet	Johannes	17,1
Holofernes beginnt den Feldzug	Judit	2,7
Holofernes belagert Betulia	Judit	7,1
Hoschea letzter König von Israel	2. Könige	17,1
Hoseas Ehe – das Zeichen für die Untreue Israels	Hosea	1,1
Die Hundertvierundvierzigtausend mit dem Siegel	Offenbarung	7,1
Hungersnot in Samaria	2. Könige	6,24
Huschai bei Absalom	2. Samuel	16,15

I

Immanuelszeichen	ab	Jesaja	7,10
Irdische Sorgen		Matthäus	6,25
		Lukas	12,22
Isaak heiratet Rebekka		1. Mose	24,1
Isaaks Bund mit Abimelech		1. Mose	26,26
Isaaks Geburt		1. Mose	21,1
Isaaks Tod		1. Mose	35,27
Isaak und Rebekka in Gerar bei Abimelech		1. Mose	26,6
Isch-Boschet König von Israel		2. Samuel	2,8
Isch-Boschets Tod		2. Samuel	4,1
Isebels grausiges Ende		2. Könige	9,30
Israel begehrt einen König		1. Samuel	8,1
Israel geht durch den Jordan		Josua	3,1
Israel hat keine Entschuldigung		Römer	10,14
Israel in Ägypten		2. Mose	1,1
Israel in Mara und Elim (bitteres Wasser wird süß gemacht)		2. Mose	15,22
Israel in Massa und Meriba (Wasser aus dem Felsen)		2. Mose	17,1
		(4. Mose	20,2)
Israels Bedrückung in Ägypten		2. Mose	1,6
Israels Durchzug durchs Schilfmeer		2. Mose	14,1
Israels endliche Errettung		Römer	11,25
Israels Erlösung		Jesaja	27,1
Israels falscher Gottesdienst		Hosea	8,1
Israels Götzendienst mit dem Baal-Peor		4. Mose	25,1
Israels Gotteskindschaft		Römer	9,1

Israels Kämpfe bei der Einwanderung	Richter	1,1
Israels Niederlage gegen die Philister	1. Samuel	4,1
Israels Selbstbetrug, Verstocktheit und Bestrafung	Amos	4,4
Israels Sieg über die Amalekiter	2. Mose	17,8
Israels Undank gegen Gottes Wohltaten	Hosea	9,10
Israels und Judas Befreiung aus der Gefangenschaft	Jeremia	30,1
Israels Untreue gegen Gott während der Richterzeit	Richter	2,6
Israels unvergleichlicher Gott	Jesaja	40,12

J

Jakob dient um Lea und Rahel ab	1. Mose	29,1
Jakob erhält den Namen Israel	1. Mose	32,28
	1. Mose	35,9
Jakob erlistet den Erstgeburtssegen	1. Mose	27,1
Jakob rüstet sich zur Begegnung mit Esau	1. Mose	32,1
Jakobs Flucht nach Haran	1. Mose	27,41
Jakobs Flucht und Versöhnung mit Laban	1. Mose	31,1
Jakobs Gelübde zu Bethel	1. Mose	28,18
Jakob schaut die Himmelsleiter	1. Mose	28,10
Jakobs Kampf am Jabbok	1. Mose	32,23
Jakobs Kinder	1. Mose	29,31
	1. Mose	35,23
Jakobs Kinder und Enkel	1. Mose	46,8
Jakobs letzter Wunsch	1. Mose	47,27

Jakobs Reise nach Ägypten	1. Mose	46,1
Jakobs Segen über Ephraim und Manasse	1. Mose	48,1
Jakobs Segen über seine Söhne	1. Mose	49,1
Jakobs Tod und Bestattung	1. Mose	49,29
Jakobs Wiedersehen mit Josef	1. Mose	46,28
Jakobus' Tod	Apostelgesch.	12,1
Jakob versöhnt sich mit Esau	1. Mose	33,1
Jakob vor dem Pharao	1. Mose	47,1
Jason erschleicht sich das Hohepriesteramt und führt griechische Sitten ein	2. Makkabäer	4,7
Jason nimmt ein schmähliches Ende	2. Makkabäer	5,5
Jeftahs Kampf mit Ephraim	Richter	12,1
Jehu ermordet Joram und Ahasja	2. Könige	9,14
Jehu rottet das Haus Ahab aus	2. Könige	10,1
Jehu rottet den Baalsdienst aus	2. Könige	10,15
Jehus Tod	2. Könige	10,35
Jehu wird zum König von Israel gesalbt	2. Könige	9,1
Jeremia beim Statthalter Gedalja	Jeremia	40,1
Jeremia in der Zisterne	Jeremia	38,1
Jeremia kauft einen Acker	Jeremia	32,1
Jeremia kündigt Zedekia die Zerstörung Jerusalems an	Jeremia	21,1
Jeremias Anstoß am Glück der Gottlosen und Gottes Antwort	Jeremia	12,1
Jeremias Berufung	Jeremia	1,1
Jeremias Brief an die Weggeführten in Babel	Jeremia	29,1
	Baruch	6,1

Jeremias Gebet gegen seine Feinde	Jeremia	18,18
Jeremias Gebet in Anfechtung	Jeremia	17,14
Jeremias Gefangennahme und Freilassung	Jeremia	26,7
Jeremias Klage über sein Amt	Jeremia	15,10
Jeremias Klage über sein Volk	Jeremia	9,1
Jeremias Leben als Zeichen	Jeremia	16,1
Jeremias Mißhandlung durch Paschhur	Jeremia	19,14
Jeremias Predigt vom Joch Nebukadnezars	Jeremia	27,1
Jeremia und der Lügenprophet Hananja	Jeremia	28,1
Jeremia warnt König Zedekia	Jeremia	37,1
Jeremia warnt vergeblich vor Ägypten	Jeremia	42,1
Jeremia warnt vor der erneuten Verehrung der Himmelskönigin	Jeremia	44,1
Jeremia weissagt den Einfall Nebukadnezars in Ägypten	Jeremia	43,8
Jeremia wird bei der Eroberung Jerusalems befreit	Jeremia	39,1
Jeremia wird gefangengesetzt	Jeremia	37,11
Jeremia wird nach Ägypten verschleppt	Jeremia	43,1
Jericho wird erobert und zerstört	Josua	6,1
Jerobeam König von Israel	1. Könige	12,20
Jerobeam II. König von Israel	2. Könige	14,23
Jerobeams Abgötterei	1. Könige	12,25
Jerobeams Tod	1. Könige	14,1
Jerusalem – ein treuloses Weib	Hesekiel	16,1

Jerusalem klagt und fleht um Hilfe	Klagelieder	1,1
Jerusalems Blutschuld und Schandtaten	Hesekiel	22,1
Jerusalems Klage und Hoffnung	Baruch	4,5
Jerusalem und die Völkerwelt am Tage des Herrn	Sacharja	14,1
Jerusalem von Sanherib bedroht und wunderbar errettet	Jesaja	36,1
Jesaja ruft den König Ahas zum Glauben	Jesaja	7,1
Jesajas Berufung zum Propheten	Jesaja	6,1
Jesaja und seine Jünger	Jesaja	8,16
Jesaja verheißt Rettung	2. Könige	19,20
Jesu Ablehnung durch seine Verwandten	Markus	3,21
Jesu Aufenthalt in den Tagen vor seinem Leiden	Lukas	21,37
Jesu Auferstehung	Matthäus	28,1
	Markus	16,1
	Lukas	24,1
	Johannes	20,1
Jesu Einzug in Jerusalem	Matthäus	21,1
	Markus	11,1
	Lukas	19,28
	Johannes	12,12
Jesu Geburt	Matthäus	1,18
	Lukas	2,1
Jesu Gefangennahme	Matthäus	26,47
	Markus	14,43
	Lukas	22,47
	Johannes	18,1

Jesu Grablegung	Matthäus	27,57
	Markus	15,42
	Lukas	23,50
	Johannes	19,38
Jesu Herkunft und Bestimmung	Johannes	8,21
Jesu Himmelfahrt	Markus	16,19
	Lukas	24,50
	Apostelgesch.	1,6
Jesu Jüngerinnen	Lukas	8,1
Jesus auf dem Laubhüttenfest	Johannes	7,25
Jesus beruft die ersten Jünger	Matthäus	4,18
	Markus	1,16
	Johannes	1,35
Jesus Bürge eines besseren Bundes	Hebräer	7,18
Jesus dankt dem Vater	Matthäus	11,25
	Lukas	10,21
Jesus das Brot des Lebens	Johannes	6,22
Jesus das Licht der Welt	Johannes	8,12
Jesus der Gottesknecht (Erfüllung des Jesaja-Wortes)	Matthäus	12,17
Jesus der gute Hirte	Johannes	10,1
Jesus der Weg zum Vater	Johannes	14,1
Jesus heilt am Sabbat eine erstorbene Hand	Matthäus	12,9
	Markus	3,1
	Lukas	6,6
Jesus heilt am Sabbat einen Wassersüchtigen	Lukas	14,1
Jesus heilt die Schwiegermutter des Petrus	Matthäus	8,14
	Markus	1,29
	Lukas	4,38

Jesus heilt viele Kranke	Matthäus	12,15
	Markus	3,7
	Lukas	6,17
Jesus in Gethsemane	Matthäus	26,36
	Markus	14,32
	Lukas	22,39
Jesus ißt mit den Zöllnern und Sündern	Matthäus	9,10
	Markus	2,15
	Lukas	5,29
Jesus kündigt den Verrat des Judas an	Matthäus	26,20
	Markus	14,17
	Lukas	22,14
	Johannes	13,21
Jesus lehnt für seine Jünger das Fasten ab	Matthäus	9,14
	Markus	2,18
	Lukas	5,33
Jesus lehrt und heilt in Galiläa	Matthäus	4,23
	Markus	1,39
	Lukas	4,44
Jesus soll getötet werden	Matthäus	26,1
	Markus	14,1
	Lukas	22,1
	Johannes	11,46
Jesus spricht in Gleichnissen	Matthäus	13,34
	Markus	4,33
Jesus steht nicht im Bunde mit Beelzebul	Matthäus	12,22
	Markus	3,22
	Lukas	11,14

Jesu Stellung zum Gesetz	Matthäus	5,17
Jesus tritt in Galiläa auf	Matthäus	4,12
	Markus	1,14
	Lukas	4,14
Jesus und die Ehebrecherin	Johannes	8,1
Jesus und die Griechen	Johannes	12,20
Jesus und die Samariterin	Johannes	4,1
Jesus und die Söhne des Zebedäus	Matthäus	20,20
	Markus	10,35
Jesus und Nikodemus	Johannes	3,1
Jesus vor dem Hohen Rat	Matthäus	26,57
	Markus	14,53
	Lukas	22,63
	Johannes	18,12
Jesus vor Herodes	Lukas	23,6
Jesus wandelt auf dem See	Matthäus	14,22
	Markus	6,45
	Johannes	6,16
Jesus wird nach dem höchsten Gebot gefragt	Matthäus	22,34
	Markus	12,28
	Lukas	10,25
Jesus wird Pilatus übergeben	Matthäus	27,1
	Markus	15,1
	Lukas	23,1
	Johannes	18,28
Jesus wird von einer Sünderin gesalbt	Lukas	7,36
Jesus wird von Petrus verleugnet	Matthäus	26,69
	Markus	14,66
	Lukas	22,54
	Johannes	18,25

Jesus wird vor Pilatus angeklagt	Matthäus	27,11
	Markus	15,2
	Lukas	23,2
	Johannes	18,29
Jesus wird zur Kreuzigung abgeführt	Matthäus	27,31b
	Markus	15,20b
	Lukas	23,26
Jesus zieht von Kapernaum weg	Markus	1,35
	Lukas	4,42
Jesu Taufe	Matthäus	3,13
	Markus	1,9
	Lukas	3,21
Jesu Tod	Matthäus	27,45
	Markus	15,33
	Lukas	23,44
	Johannes	19,28
Jesu Urteil über Johannes den Täufer und das Gleichnis von den spielenden Kindern	Matthäus	11,7
	Lukas	7,24
Jesu Versuchung	Matthäus	4,1
	Markus	1,12
	Lukas	4,1
Jesu Verurteilung	Johannes	19,6
Jesu Verwerfung in Nazareth	Matthäus	13,53
	Markus	6,1
	Lukas	4,16
Jesu Vollmacht	Matthäus	21,23
	Markus	11,27
	Lukas	20,1
Jismael ermordet Gedalja	Jeremia	41,1

Jitros Besuch bei Mose	2. Mose	18,1
Joab erwirbt Gnade für Absalom	2. Samuel	14,1
Joabs Tod	1. Könige	2,28
Joahas König von Israel	2. Könige	13,1
Joahas König von Juda	2. Könige	23,31
	2. Chronik	36,1
Joasch' Abfall von Gott	2. Chronik	24,17
Joasch König von Israel	2. Könige	13,10
Joasch König von Juda	2. Könige	12,1
	2. Chronik	22,10
Joasch' Siege über Ben-Hadad	2. Könige	13,22
Joasch' Sorge für den Tempel	2. Könige	12,5
	2. Chronik	24,1
Joasch' Strafe und Tod	2. Chronik	24,23
Joasch von Israel besiegt Amazja	2. Könige	14,8
Johannes sendet zu Jesu	Matthäus	11,2
	Lukas	7,18
Jojachin König von Juda	2. Könige	24,8
	2. Chronik	36,9
Jojachin wird begnadigt	2. Könige	25,27
Jojakim König von Juda	2. Könige	23,34
	2. Chronik	36,4
Jonas Berufung und Flucht vor Gott	Jona	1,1
Jonas Bestrafung	Jona	1,7
Jonas Gebet und Errettung	Jona	2,1
Jonas Predigt und Ninives Buße	Jona	3,1
Jonas Unmut und Gottes Antwort	Jona	4,1
Jonatan besiegt Apollonius, den Feldherrn des Demetrius II. Nikator	1. Makkabäer	10,67
Jonatan erneuert das Bündnis mit Rom und Sparta	1. Makkabäer	12,1

Jonatan erntet von Demetrius II. Nikator Undank	1. Makkabäer	11,41
Jonatan erreicht die Steuerfreiheit für die Juden	1. Makkabäer	11,20
Jonatan kämpft auf Seiten des Antiochus VI. Epiphanes gegen Demetrius II. Nikator	1. Makkabäer	11,54
Jonatan rächt den Tod seines Bruders Johannes	1. Makkabäer	9,35
Jonatan rettet David vor Sauls Nachstellungen	1. Samuel	19,1
Jonatans Heldentat und Israels Sieg	1. Samuel	14,1
Jonatans Schuld und Auslösung durch das Volk	1. Samuel	14,36
Jonatan übernimmt die Nachfolge seines Bruders	1. Makkabäer	9,23
Jonatan verstößt gegen ein Verbot Sauls	1. Samuel	14,24
Jonatan verteidigt das ganze Land Israels	1. Makkabäer	12,24
Jonatan wird von Alexander Balas in Ptolemais hoch geehrt	1. Makkabäer	10,48
Joram König von Juda (gottlose Regierung)	2. Könige	8,16
	2. Chronik	21,1
Jorams und Joschafats Krieg gegen die Moabiter und die Hilfe Elisas	2. Könige	3,1
Joschafat König von Juda	1. Könige	22,41
Joschafats Bündnis mit Ahasja	2. Chronik	20,31
Joschafats fromme Regierung	2. Chronik	17,1
Joschafats Sieg über die Ammoniter		

und Moabiter	2. Chronik	20,1
Josef deutet die Träume des Pharao	1. Mose	41,1
Josef deutet die Träume von zwei Gefangenen	1. Mose	40,1
Josef gibt sich seinen Brüdern zu erkennen	1. Mose	45,1
Josef im Gefängnis	1. Mose	39,19
Josef in Potifars Haus	1. Mose	39,1
Josefs Becher im Sack Benjamins	1. Mose	44,1
Josefs Edelmut	1. Mose	50,15
Josefs Erhöhung und Fürsorge für Ägypten	1. Mose	41,37
Josefs Söhne	1. Mose	41,50
Josefs Tod	1. Mose	50,24
Josefs Träume	1. Mose	37,1
Josef und Asarja unterliegen bei Jamnia	1. Makkabäer	5,55
Josef und seine Brüder	1. Mose	37,1
Josef wird nach Ägypten verkauft	1. Mose	37,12
Josia erneuert den Bund mit Gott	2. Könige	23,1
	2. Chronik	34,29
Josia hält das Passa	2. Könige	23,21
	2. Chronik	35,1
Josia König von Juda	2. Könige	22,1
	2. Chronik	34,1
Josia schafft den Götzendienst ab	2. Könige	23,4
	2. Chronik	34,3
Josias Tod im Kampf gegen den Pharao Necho	2. Könige	23,29
	2. Chronik	35,20
Josua erneuert den Bund mit Gott	Josua	23,1

Josuas Landtag zu Sichem	Josua	24,1
Josuas Tod	Josua	24,29
	Richter	2,8
Josua wird zum Nachfolger des Mose bestellt	4. Mose	27,12
Jotam König von Juda	2. Könige	15,32
	2. Chronik	27,1
Jotams Fabel vom Dornstrauch als König der Bäume	Richter	9,7
Jubel im Himmel über den Untergang Babylons	Offenbarung	19,1
Jubellied des Volkes Gottes	Jesaja	26,1
Judas Makkabäus beginnt den Kampf	2. Makkabäer	8,1
Judas Makkabäus bekämpft Alkimus	1. Makkabäer	7,21
Judas Makkabäus bekämpft arabische Nomaden und Timotheus	2. Makkabäer	12,10
Judas Makkabäus belagert die Burg von Jerusalem	1. Makkabäer	6,17
Judas Makkabäus besiegt Apollonius und Seron	1. Makkabäer	3,10
Judas Makkabäus besiegt die Idumäer und andere Völker	1. Makkabäer	5,1
Judas Makkabäus besiegt Gorgias	1. Makkabäer	4,1
	2. Makkabäer	12,32
Judas Makkabäus besiegt Lysias	1. Makkabäer	4,26
	2. Makkabäer	11,1
Judas Makkabäus besiegt Nikanor	1. Makkabäer	7,26
	2. Makkabäer	15,1
Judas Makkabäus besiegt Nikanor, Timotheus und Bakchides	2. Makkabäer	8,8

Judas Makkabäus bestraft die Städte Joppe und Jamnia — 2. Makkabäer 12,3
Judas Makkabäus einigt sich mit Nikanor — 2. Makkabäer 14,15
Judas Makkabäus erobert Efron und verschont Skythopolis — 2. Makkabäer 12,27
Judas Makkabäus erobert idumäische Festungen — 2. Makkabäer 10,15
Judas Makkabäus fällt im Kampf gegen Bakchides — 1. Makkabäer 9,1
Judas Makkabäus holt die Juden aus Gilead nach Judäa — 1. Makkabäer 5,45
Judas Makkabäus kämpft erfolgreich gegen Edomiter und Philister — 1. Makkabäer 5,65
Judas Makkabäus kämpft gegen die abtrünnigen Juden — 1. Makkabäer 3,1
Judas Makkabäus rüstet sein Heer zur Abwehr — 1. Makkabäer 3,42
Judas Makkabäus schließt ein Bündnis mit den Römern — 1. Makkabäer 8,1
Judas Makkabäus siegt bei Modeïn durch einen Überfall — 2. Makkabäer 13,9
Judas Makkabäus und Jonatan siegen im Ostjordanland — 1. Makkabäer 5,24
Judas Makkabäus weiht den Tempel neu — 1. Makkabäer 4,36
Judas Makkabäus zieht sich in die Wüste zurück — 2. Makkabäer 5,24
Juda und Tamar — 1. Mose 38,1
Die Juden aus dem Ostjordanland und aus Galiläa bitten um Hilfe — 1. Makkabäer 5,9

Die Juden gewinnen den Tempel zurück und setzen das Fest der Tempelweihe ein	2. Makkabäer	10,1
Die Juden in Ägypten sollen auch das Fest der Tempelweihe feiern	2. Makkabäer	1,1
Die Juden wollen sich wehren und tun Buße	Judit	4,1
Judit betet um Gottes Hilfe	Judit	9,1
Judit dankt Gott und feiert den Sieg	Judit	16,1
Judit darf jede Nacht das Lager zum Gebet verlassen	Judit	12,1
Judit geht zu Holofernes	Judit	10,1
Judit kehrt heim	Judit	13,12
Judit rät zum Angriff gegen das assyrische Lager	Judit	14,1
Judit redet mit Holofernes	Judit	11,1
Judit ruft auf zum Warten auf Gottes Hilfe	Judit	8,1
Judits Alter und Tod	Judit	16,22
Judit tötet Holofernes	Judit	13,1
Judit und Holofernes	Judit	10,1
Die Jünger das Salz der Erde und das Licht der Welt	Matthäus	5,13
Das jüngste Gericht	Offenbarung	20,11

K

Der Kämmerer aus Äthiopien ab	Apostelgesch.	8,26
Kain und Abel	1. Mose	4,1
Die kanaanäische Frau	Matthäus	15,21
	Markus	7,24

Kein Ansehen der Person in der Gemeinde	Jakobus	2,1
Kennzeichen der Christen	1. Johannes	2,1
Kennzeichen des Antichristen	1. Johannes	2,18
Kindermord in Bethlehem	Matthäus	2,16
Klage der Gefangenen zu Babel	Psalm	137,1
Klagelieder über den Pharao und über Ägypten	Hesekiel	32,1
Klagelied über das Geschick des Königshauses	Hesekiel	19,1
Klagelied über den König von Tyrus	Hesekiel	28,11
Klagelied über Israel	Amos	5,1
Klagelied über Tyrus	Hesekiel	27,1
Klage über das Unglück in der Welt	Habakuk	1,1
Klage über den Durchbohrten	Sacharja	12,9
Klage über die Hirten des Volkes	Jesaja	56,9
Klage über die Verderbnis des Volkes	Micha	7,1
Klage über die Verwüstung Judas und Jerusalems	Klagelieder	2,1
Klage und Trost eines Leidenden	Klagelieder	3,1
Der Knecht Gottes das Licht der Welt	Jesaja	42,1
	Jesaja	49,1
Der Knecht Gottes im Leiden	Jesaja	50,4
König Ahasveros sucht eine neue Gemahlin	Ester	2,1
König Ahasveros verstößt seine Gemahlin, Königin Wasti	Ester	1,1
König Artaxerxes befiehlt, das jüdische Volk auszurotten	St. zu Ester	1,1
König Artaxerxes befiehlt, dem jüdischen Volk beizustehen	St. zu Ester	5,1

Können unheilige Menschen den Tempel bauen?		Haggai	2,10
Das kommende Friedensreich Gottes		Micha	4,1
Kraft des Sühnopfers Christi		Hebräer	10,1
Krankenheilungen		Matthäus	15,29
Kreuzigung Jesu		Matthäus	27,33
		Markus	15,22
		Lukas	23,33
		Johannes	19,17
Krieg zwischen Juda und Israel bei Gibeon		2. Samuel	2,12
Krönung Jeschuas		Sacharja	6,9
Das künftige Friedensreich		Jesaja	2,1
Künftiges Heil des Gottesvolkes		Amos	9,11
Kundschafter in Jericho		Josua	2,1
Kyrus als Werkzeug Gottes		Jesaja	44,24

L

Das Lamm und die Hundertundvierzigtausend auf Zion	ab	Offenbarung	14,1
Last des Prophetenamtes		Jeremia	20,7
Lebendige Hoffnung		1. Petrus	1,3
Leben im Geist		Römer	8,1
		Galater	5,16
Leben im Licht		Epheser	5,1
		1. Johannes	1,5
Leben im Licht des kommenden Tages		Römer	13,11
		1. Thessalon.	5,1

Leben nach dem Vorbild Christi	Philipper	2,1
Das Leben Salomos	Prediger	1,12
Lebensregeln	Sprüche	24,1
Das leere Grab	Matthäus	28,1
	Markus	16,1
	Lukas	24,1
	Johannes	20,1
Der Leib ein Tempel des heiligen Geistes	1. Korinther	6,12
Der leidende Gottesknecht und seine anschließende Erhöhung durch Gott	Jesaja	52,13
Leidensgemeinschaft mit Christus	2. Korinther	4,7
Leiden und Mühen des Apostels Paulus	2. Korinther	11,16
Das letzte Zeugnis Johannes des Täufers von Jesus	Johannes	3,22
Die Liebe als Erfüllung des Gesetzes	Römer	13,8
Die Liebe Gottes und die Liebe zum Bruder	1. Johannes	4,7
Die Liebe zu den Brüdern	2. Johannes	1,4
Lied des Mose	5. Mose	32,1
Lied von der Weisheit Gottes	Hiob	28,1
Die List der Gibeoniter	Josua	9,1
Das Lob der tüchtigen Frau	Sprüche	31,10
Das Lob der Väter	Sirach	44–49
Lobgesang der Hanna	1. Samuel	2,1
Lobgesang der Maria (Magnifikat)	Lukas	1,46
Lobgesang des Tobias	Tobias	13,1
Lobgesang des Zacharias	Lukas	1,67
Lobpreis der ganzen Schöpfung	Offenbarung	5,8

Lobpreis der göttlichen Barmherzigkeit		1. Timotheus	1,12
Lobpreis Gottes		Römer	16,25
Lobpreis Gottes für die Erlösung durch Christus		Epheser	1,3
Lots Errettung		1. Mose	19,12
Lots Töchter und deren Sünde		1. Mose	19,30
Lysias führt den Krieg gegen die Juden fort		1. Makkabäer	3,27
Lysias vermittelt Frieden zwischen Antiochus V. Eupator und den Juden		2. Makkabäer	11,22
Des Lysias Vertrag mit den Juden		2. Makkabäer	11,13

M

Männer und Frauen im Gottesdienst	ab	1. Korinther	11,1
		1. Timotheus	2,8
Die Magd mit dem Wahrsagegeist		Apostelgesch.	16,16
Mahnrede des Propheten Asarja		2. Chronik	15,1
Mahn- und Trostworte an Baruch		Jeremia	45,1
Mahnung an die Ältesten und die Gemeinde		1. Petrus	5,1
Mahnung an die Gemeinde		1. Petrus	3,8
Mahnung an die Reichen		1. Timotheus	6,17
Mahnung an die Sklaven		1. Petrus	2,18
Mahnung an Frauen und Männer		1. Petrus	3,1
Mahnung an Timotheus und alle Brüder		1.Timotheus	6,3

Mahnung und Gotteslob	Judas	1,20
Mahnung zum Festhalten an der Lehre	2. Thessalon.	2,13
Mahnung zur Brüderlichkeit	Galater	6,1
Mahnung zur Demut	Zefanja	2,1
Mahnung zur Einigkeit und zur Freude im Herrn	Philipper	4,1
Mahnung zur Geduld	Jakobus	5,7
Mahnung zur Liebe	Römer	12,9
Mahnung zur Treue	2. Petrus	1,3
Mahnung zur Umkehr	Hosea	14,2
Mahnung zur Versöhnlichkeit	Matthäus	18,15
	Lukas	17,3
Manasse König von Juda	2. Könige	21,1
	2. Chronik	33,1
Manasses Gefangenschaft und Bekehrung	2. Chronik	33,11
Maria und Marta	Lukas	10,38
Maßnahmen zum Schutz des Mauerbaus	Nehemia	3,33
Der Maßstab des göttlichen Gerichts	Römer	2,1
Mattatias gibt vor seinem Tod die Führung an Judas Makkabäus ab	1. Makkabäer	2,49
Mattatias klagt über die Unterdrückung Israels	1. Makkabäer	2,1
Mattatias lehnt sich gegen die Maßnahmen des Antiochus IV. Epiphanes auf	1. Makkabäer	2,15
Menahem König von Israel	2. Könige	15,14
Menelaus findet verdient einen schmählichen Tod	2. Makkabäer	13,1

Menelaus läßt Onias ermorden	2. Makkabäer	4,30
Menelaus verdrängt Jason aus dem Hohepriesteramt	2. Makkabäer	4,23
Der Mensch unter dem Gesetz	Römer	7,7
Menschwerdung des Wortes	Johannes	1,1
Messen des Tempels; die beiden Zeugen	Offenbarung	11,1
Messiaspredigt Johannes des Täufers	Matthäus	3,11
	Markus	1,7
	Lukas	3,15
Der Messias und sein Friedensreich	Jesaja	11,1
Michas Gottesbild und sein Priester	Richter	17,1
Micha weissagt Niederlage	1. Könige	22,15
	2. Chronik	18,14
Mirjams Tod	4. Mose	20,1
Mirjam wird aussätzig	4. Mose	12,1
Missionsbefehl	Matthäus	28,19
	Markus	16,15
Mißstände bei der Feier des Abendmahls	1. Korinther	11,17
Der Mittler des neuen Bundes	Hebräer	8,6
Mordanschlag gegen Paulus	Apostelgesch.	23,12
Mordechai bestimmt Ester, beim König für die Juden einzutreten	Ester	4,1
Mordechai deutet seinen Traum	St. zu Ester	7,1
Mordechai entdeckt eine Verschwörung gegen den König Ahasveros	Ester	2,19
Mordechais Ansehen bei Persern und Juden	Ester	10,1
Mordechais Gebet	St. zu Ester	2,1
Mordechais Traum	St. zu Ester	6,1

Mose auf dem Sinai	2. Mose	19,20
	2. Mose	24,12
	2. Mose	34,1
Mose begehrt des Herrn Herrlichkeit zu schauen	2. Mose	33,12
Mose richtet die eherne Schlange auf	4. Mose	21,4
Moses Berufung und Auftrag	2. Mose	6,2
Moses Berufung und das Erlebnis am brennenden Dornbusch	2. Mose	3,1
Mose segnet die Stämme Israels	5. Mose	33,1
Moses Ehe	2. Mose	2,16
Mose setzt Josua zu seinem Nachfolger ein	5. Mose	31,1
Moses Fürbitte	2. Mose	32,7
Moses Geburt und wunderbare Errettung	2. Mose	2,1
Moses Klage vor dem Herrn	2. Mose	5,22
Moses Lobgesang	2. Mose	15,1
Mose soll nicht in das gelobte Land kommen	5. Mose	3,23
Moses Rückkehr nach Ägypten	2. Mose	4,18
Moses Tod	5. Mose	34,1
Moses Totschlag und Flucht nach Midian	2. Mose	2,11
Moses Wunder vor dem Pharao	2. Mose	7,1
Mose und Aaron beim Pharao	2. Mose	5,1
Das murrende Volk wird gestraft	4. Mose	11,1
	4. Mose	14,1

N

Nabots Weinberg	ab	1. Könige	21,1
Nachwahl des zwölften Apostels		Apostelgesch.	1,15
Nadab König von Israel		1. Könige	15,25
Nadabs und Abihus Tod und seine Folgen		3. Mose	10,1
Nathans Strafrede an David		2. Samuel	12,1
Nathan und Batseba bei David wegen Salomos Thronfolge		1. Könige	1,11
Nebukadnezar beschließt einen Feldzug gegen die unbotmäßigen Völker		Judit	1,7
Nebukadnezar besiegt Arphaxad		Judit	1,1
Nebukadnezars Traum vom Baum		Daniel	3,31
Nebukadnezars Traum von den vier Weltreichen		Daniel	2,1
Nebukadnezars Wahnsinn und Umkehr		Daniel	4,25
Nehemia begegnet den Nachstellungen seiner Feinde		Nehemia	6,1
Nehemia beseitigt die Beschwerden der Armen		Nehemia	5,1
Nehemia beseitigt Mißstände im Tempel		Nehemia	13,4
Nehemia erlangt vom König die Erlaubnis, nach Jerusalem zu reisen		Nehemia	2,1
Nehemia setzt die Heiligung des Sabbats durch		Nehemia	13,15
Nehemias Trauer um Jerusalem und sein Gebet		Nehemia	1,1

Nehemias Uneigennützigkeit	Nehemia	5,14
Nehemia untersucht den Zustand der Mauern von Jerusalem	Nehemia	2,11
Nehemia verbietet die Ehe mit ausländischen Frauen	Nehemia	13,23
Neue Gesetzestafeln	2. Mose	34,1
	5. Mose	10,1
Das neue Gottesvolk	1. Petrus	2,1
Das neue Jerusalem	Offenbarung	21,1
Das neue Leben als Geschenk der Gnade	Epheser	2,1
Der neue Leib bei der Auferstehung	1. Korinther	15,35
Nicht ganz Israel ist verstockt	Römer	11,1
Niederlage der Assyrer	2. Könige	19,35
Nikanor muß gegen Judas Makkabäus feindlich vorgehen	2. Makkabäer	14,26
Noahs Fluch und Segen über seine Söhne	1. Mose	9,18
Noah und die Sintflut	1. Mose	6,5
Nun danket alle Gott	Sirach	50,24

O

Öffnung der ersten sechs Siegel ab	Offenbarung	6,1
Öffnung des siebten Siegels	Offenbarung	8,1
Der österliche Fischzug des Petrus	Johannes	21,1
Offene Verkündigung statt bildlicher Rede	Johannes	16,25
Omri König von Israel	1. Könige	16,23
Onans Sünde	1. Mose	38,8

Onias wird von Simon verleumdet und reist zum König		2. Makkabäer	4,1
Opferung Isaaks		1. Mose	22,1
Ordnung in den Versammlungen		1. Korinther	14,26

P

Paulus als Botschafter der Versöhnung	ab	2. Korinther	5,11
Paulus' Ankunft in Jerusalem		Apostelgesch.	21,15
Paulus auf der Insel Malta		Apostelgesch.	28,1
Paulus auf der Reise nach Rom		Apostelgesch.	27,1
Paulus der Vater der Gemeinde in Korinth		1. Korinther	4,14
Paulus erweckt Eutychus		Apostelgesch.	20,7
Paulus in Antiochia in Pisidien		Apostelgesch.	13,13
Paulus in Athen		Apostelgesch.	17,16
Paulus in Beröa		Apostelgesch.	17,10
Paulus in Ephesus		Apostelgesch.	19,1
Paulus in Ikonien		Apostelgesch.	14,1
Paulus in Korinth		Apostelgesch.	18,1
Paulus in Lystra		Apostelgesch.	14,8
Paulus in Mazedonien und Griechenland		Apostelgesch.	20,1
Paulus in Philippi		Apostelgesch.	16,11
Paulus in Rom		Apostelgesch.	28,11
Paulus in Thessalonich		Apostelgesch.	17,1
Paulus in Troas		Apostelgesch.	20,6
Paulus' Reise nach Milet		Apostelgesch.	20,13
Paulus' Rückkehr nach Antiochia			

in Syrien	Apostelgesch.	14,19
	Apostelgesch.	18,18
Paulus und die falschen Apostel	2. Korinther	11,1
Paulus und Silas im Gefängnis	Apostelgesch.	16,19
Paulus und Timotheus bei den Gemeinden in Kleinasien	Apostelgesch.	16,1
Paulus' Verhaftung im Tempel	Apostelgesch.	21,27
Paulus' Verteidigungsrede vor dem Volk	Apostelgesch.	22,1
Paulus von Milet nach Cäsarea	Apostelgesch.	21,1
Paulus vor dem Hohen Rat	Apostelgesch.	23,1
Paulus vor dem König Agrippa und Festus	Apostelgesch.	25,13
Paulus vor dem römischen Oberst	Apostelgesch.	22,23
Paulus vor dem Statthalter Felix	Apostelgesch.	24,1
Paulus vor dem Statthalter Festus	Apostelgesch.	25,1
Paulus wird nach Cäsarea gebracht	Apostelgesch.	23,23
Paulus wird nach Mazedonien gerufen	Apostelgesch.	16,9
Paulus' Wunsch nach Rom zu kommen	Römer	1,8
Pekachja König von Israel	2. Könige	15,23
Pekach König von Israel	2. Könige	15,27
Petrus erweckt Tabita vom Tode	Apostelgesch.	9,36
Petrus heilt den lahmen Äneas	Apostelgesch.	9,32
Petrus in Jerusalem	Apostelgesch.	11,1
Petrus und Johannes vor dem Hohen Rat	Apostelgesch.	4,1
Die Pfingstpredigt des Petrus	Apostelgesch.	2,14
Das Pfingstwunder	Apostelgesch.	2,1
Pflichten der Ehegatten	Epheser	5,22

Pflichten der Eltern und Kinder	Epheser	6,1
Pflichten der Sklaven und Herren	Epheser	6,5
Philippus in Samaria	Apostelgesch.	8,5
Philisterkrieg	1. Samuel	13,1
Pilatus läßt Barabbas frei und verurteilt Jesus	Matthäus	27,15
	Markus	15,6
	Lukas	23,18
	Johannes	18,39
Plage durch Finsternis – Licht und Feuersäule	Weisheit	17,1
Plage durch Hunger – Speisung mit Wachteln	Weisheit	16,1
Plage durch Tod der Erstgeburt – Rettung aus Todesnot	Weisheit	18,5
Plage durch Tod durch Insektenstiche – Rettung vom Schlangenbiß	Weisheit	16,5
Plage mit Unwetter – Speisung mit Manna	Weisheit	16,15
Plagen der Ägypter (zehn Plagen)	2. Mose	7,14
Predigt des Apostels Paulus vom Gekreuzigten	1. Korinther	2,1
Predigt des Petrus an das Volk	Apostelgesch.	3,12
Priesterlicher Segen (heutiger Segen im Gottesdienst)	4. Mose	6,22
Der Prophet wird für seinen Ungehorsam bestraft	1. Könige	13,11
Der Prozeß des Paulus und die Verkündigung des Evangeliums	Philipper	1,12

R

Rafaels Geheimnis ab	Tobias	12,1
Rasi gibt ein Beispiel opfermütigen Sterbens	2. Makkabäer	14,37
Der Ratschlag des Gamaliel	Apostelgesch.	5,34
Rechte Frömmigkeit	Matthäus	7,15
Die Rechtfertigung allein durch Glauben	Römer	3,21
Rechtssachen unter Christen	1. Korinther	6,1
Recht und Freiheit des Apostels Paulus	1. Korinther	9,1
Rede des Stephanus	Apostelgesch.	7,1
Reden des Herrn aus dem Wettersturm	Hiob	38,1
	Hiob	40,6
Rehabeam König von Juda	1. Könige	14,21
Rehabeams erste Regierungszeit	2. Chronik	11,5
Rehabeam von Schischak besiegt	1. Könige	14,25
	2. Chronik	12,1
Reiche Beisteuer zum Tempelbau	1. Chronik	29,1
Der reiche Jüngling	Matthäus	19,16
	Markus	10,17
	Lukas	18,18
Reisen der Söhne Jakobs nach Ägypten	1. Mose	42,1
Reisepläne des Apostels Paulus	Römer	15,22
	1. Korinther	16,5
Reise zum Laubhüttenfest	Johannes	7,1
Der Reiter auf dem weißen Pferd	Offenbarung	19,11
Rettung und Rache der Juden	Ester	9,1

Rettung Zions vor dem Verwüster	Jesaja	33,1
Richter Abdon	Richter	12,13
Richter Ehud	Richter	3,12
Richter Elon	Richter	12,11
Richter Ibzan	Richter	12,8
Richter Jaïr	Richter	10,3
Richter Jeftah	Richter	11,1
Richter Otniël	Richter	3,7
Richter Schamgar	Richter	3,31
Richter Tola	Richter	10,1
Ringen des Apostels Paulus um seine Gemeinde	2. Korinther	12,11
Die Römer stellen einen Schutzbrief für die Juden aus	1. Makkabäer	15,15
Rückkehr aus Ägypten	Matthäus	2,19
Rückkehr der zweiundsiebzig Jünger	Lukas	10,17
Rücksicht auf das Gewissen – Essen und Trinken	1. Korinther	10,23
Rut befolgt Noomis Rat	Rut	3,1
Rut liest Ähren auf dem Feld Boas	Rut	2,1
Rut zieht mit Noomi nach Bethlehem	Rut	1,1

S

Salbung in Betanien ab	Matthäus	26,6
	Markus	14,3
	Johannes	12,1
Salomo als Davids Nachfolger	1. Chronik	28,1
Salomo empfängt und erfährt die Weisheit	Weisheit	7,1

Salomo opfert zu Gibeon	2. Chronik	1,1
Salomos Ehe mit einer Tochter des Pharao	1. Könige	3,1
Salomos erste Gotteserscheinung	1. Könige	3,5
Salomos Feinde Hadad und Reson	1. Könige	11,14
Salomos Festopfer	1. Könige	8,54
	2. Chronik	7,1
Salomos Gebet	1. Könige	3,5
Salomos Gebet um Weisheit	Weisheit	9,1
Salomos Gotteserscheinung und sein Gebet um Weisheit	2. Chronik	1,7
Salomos Heeresmacht und Reichtum	2. Chronik	1,14
Salomos heidnische Frauen und seine Abgötterei	1. Könige	11,1
Salomos Lebensbund mit der Weisheit	Weisheit	8,2
Salomos Paläste	1. Könige	7,1
Salomos Reichtum und Herrlichkeit	1. Könige	10,14
	2. Chronik	9,13
Salomos Städtebau	2. Chronik	8,1
Salomos Tod	1. Könige	11,41
	2. Chronik	9,29
Salomos Urteil	1. Könige	3,16
Salomos Vertrag mit Hiram von Tyrus	1. Könige	5,15
	2. Chronik	2,1
Salomos Weihegebet	1. Könige	8,12
	2. Chronik	6,1
Salomos zweite Gotteserscheinung	2. Chronik	7,12
Salomo wird König	1. Chronik	29,23
Salomo wird von Gott ermahnt	1. Könige	9,1
Salomo wird zum König gesalbt	1. Könige	1,32

Samarias Zerstörung	Hosea	13,15
Samuel legt sein Richteramt nieder	1. Samuel	12,1
Samuel salbt Saul zum König	1. Samuel	10,1
Samuels Berufung	1. Samuel	3,1
Samuels Geburt und Weihe	1. Samuel	1,20
Samuels Richteramt	1. Samuel	7,2
Samuels Tod	1. Samuel	25,1
Sanherib bedroht Jerusalem	2. Könige	18,13
	2. Chronik	32,1
Sarai erhält den Namen Sara	1. Mose	17,15
Saras Not und Gebet	Tobias	3,7
Saras Tod	1. Mose	23,1
Satan bittet Gott, Hiob prüfen zu dürfen	Hiob	1,6
Saul bei der Totenbeschwörerin in En-Dor	1. Samuel	28,3
Saul kommt zu Samuel	1. Samuel	9,1
Saul nimmt Rache an den Priestern von Nob	1. Samuel	22,6
Sauls Attentat auf David	1. Samuel	19,8
Saul schont Agag, den Amalekiterkönig	1. Samuel	15,7
Sauls Eifersucht auf David	1. Samuel	18,5
Sauls Kriege und sein Haus	1. Samuel	14,47
Sauls Krieg gegen die Amalekiter	1. Samuel	15,1
Sauls Sieg über die Ammoniter	1. Samuel	11,1
Sauls Tod und der Tod seiner Söhne	1. Samuel	31,1
	1. Chronik	10,1
Sauls Zorn gegen Jonatan um Davids willen	1. Samuel	20,24
Saul und David bei Samuel	1. Samuel	19,18

Saulus in Damaskus	Apostelgesch.	9,19b
Saulus in Jerusalem	Apostelgesch.	9,26
Saul wird durchs Los zum König gewählt	1. Samuel	10,17
Saul wird von Gott verworfen	1. Samuel	15,10
Schallum König von Israel	2. Könige	15,13
Schandtat an Dina und das Blutbad zu Sichem	1. Mose	34,1
Die Schandtat von Gibea in Benjamin	Richter	19,1
Schebas Aufstand und Amasas Tod	2. Samuel	20,1
Schebna wird gestürzt	Jesaja	22,15
Das Scherflein der Witwe	Markus	12,41
	Lukas	21,1
Schimis Ungehorsam und Tod	1. Könige	2,36
Der schmale und der breite Weg	Matthäus	7,13
Schöpfungsgeschichte – 1. Bericht (Sieben-Tage-Bericht)	1. Mose	1,1
Schöpfungsgeschichte – 2. Bericht (Paradies)	1. Mose	2,4b
Das Schwert über Ammon	Hesekiel	21,33
Schwören	Matthäus	5,33
Secharja König von Israel	2. Könige	15,8
Die sechste Posaune; zweites Weh	Offenbarung	9,13
Segen	3. Mose	26,3
Segen der Sabbatheiligung	Jesaja	58,13
Der Segen freudigen Gebens	2. Korinther	9,1
Segenszeit für Juda	Joel	4,18
Segnung der Kinder	Matthäus	19,13
	Markus	10,13
	Lukas	18,15

Sehnsucht nach der himmlischen Heimat	2. Korinther	5,1
Seligpreisungen	Matthäus	5,3
	Lukas	6,20
Sendschreiben an Ephesus	Offenbarung	2,1
Sendschreiben an Laodizea	Offenbarung	3,14
Sendschreiben an Pergamon	Offenbarung	2,12
Sendschreiben an Philadelphia	Offenbarung	3,7
Sendschreiben an Sardes	Offenbarung	3,1
Sendschreiben an Smyrna	Offenbarung	2,8
Sendschreiben an Thyatira	Offenbarung	2,18
Sendung des Timotheus	1. Thessalon.	3,1
Sendung des Timotheus und die Rückkehr des Epaphroditus	Philipper	2,19
Serubbabels Erhöhung	Haggai	2,20
Sicherung der Stadt	Nehemia	7,1
Sieben Brüder und ihre Mutter sterben den Märtyrertod	2. Makkabäer	7,1
Die sieben Zornschalen	Offenbarung	16,1
Die siebte Posaune	Offenbarung	11,15
Die siebzigjährige Gefangenschaft bis zum Untergang Babels	Jeremia	25,1
Sieg am Wasser von Merom	Josua	11,1
Sieg Michaels	Offenbarung	12,7
Sieg über die Kanaaniter im Südland	4. Mose	21,1
Sieg über die Könige Sihon und Og	4. Mose	21,21
Sieg über die Midianiter	4. Mose	31,1
Sieg über fünf Amoriterkönige	Josua	10,1
Sieg über Og von Basan	5. Mose	3,1
Simon bekräftigt die Verträge mit Rom und Sparta	1. Makkabäer	14,16

Simon der Zauberer	Apostelgesch.	8,9
Simon erreicht die volle Freiheit für Israel	1. Makkabäer	13,33
Simon regiert in Frieden	1. Makkabäer	14,4
Simon rettet die Juden aus Galiläa	1. Makkabäer	5,21
Simons Nachfolger wird sein Sohn Johannes Hyrkanus	1. Makkabäer	16,18
Simons Söhne schlagen die Syrer	1. Makkabäer	16,1
Simon tritt an die Stelle seines Bruders Jonatan	1. Makkabäer	13,1
Simon wird von seinem Schwiegersohn ermordet	1. Makkabäer	16,11
Simri König von Israel	1. Könige	16,15
Simsons Geburt	Richter	13,1
Simsons Hochzeit und Rätsel	Richter	14,10
Simsons Kampf mit dem Löwen	Richter	14,1
Simsons letzte Rache und Tod	Richter	16,23
Simsons Streit mit den Philistern	Richter	15,1
Simson trägt das Stadttor von Gaza weg	Richter	16,1
Simson wird von Delila verraten	Richter	16,4
Sintflut	1. Mose	7,1
Der Sohn des Propheten Jesaja als Zeichen des Gerichts über Aram und Israel	Jesaja	8,1
Sorge der Eltern um ihren Sohn Tobias	Tobias	10,1
Sorge um das Heil	Philipper	2,12
Spaltungen in der Gemeinde	1. Korinther	1,10
Speisung der Fünftausend	Matthäus	14,13
	Markus	6,30

	Lukas	9,10
	Johannes	6,1
Speisung der Viertausend	Matthäus	15,32
	Markus	8,1
Speisung mit Wachteln und Manna	2. Mose	16,1
Sprüche vom rechten Hören	Markus	4,21
	Lukas	8,16
Stamm Benjamin erhält Frauen von Israel	Richter	21,1
Der Stamm Dan erobert Lajisch	Richter	18,1
Stellung zur staatlichen Gewalt	Römer	13,1
	1. Petrus	2,13
Stephanus' Tod	Apostelgesch.	7,54
Stephanus vor dem Hohen Rat	Apostelgesch.	6,8
Die Stillung des Seesturmes	Matthäus	8,23
	Markus	4,35
	Lukas	8,22
Strafandrohung durch Elia	1. Könige	21,17
Strafbestimmungen für schwere Sünden	3. Mose	20,1
Strafe der Heuchler	Jesaja	66,1
Strafen für Gotteslästerung, Totschlag und Gewalt	3. Mose	24,10
Strafgericht am Stamm Benjamin	Richter	20,1
Strafgericht durch die Assyrer	Jesaja	7,17
Strafrede des Engels des Herrn	Richter	2,1
Strafrede des Propheten Jehu	2. Chronik	19,1
Strafrede gegen die Priester	Maleachi	2,1
Strafrede gegen die Priester und gegen den Götzendienst Israels	Hosea	4,1
Strafrede gegen Jerusalem	Jesaja	22,1

Der Streit um Jesu Ehre	Johannes	8,46
Streit zwischen Juda und Israel um den König	2. Samuel	19,42
Die Stunde der Erlösung Israels ist gekommen	Jesaja	48,12
Sturz der babylonischen Götzen	Jesaja	46,1
Sturz des Königs von Babel	Jesaja	14,1
Die Sünde gegen den heiligen Geist	Matthäus	12,31
	Markus	3,28
	Lukas	12,10
Die Sünden der Zunge	Jakobus	3,1
Sündenfall	1. Mose	3,1

T

Der Tag des Herrn ist ein Tag des Gerichts ab	Amos	5,18
Der Tag des Herrn und sein Vorläufer	Maleachi	3,13
Tag des Zornes Gottes	Zefanja	1,1
Taufe der ersten Heiden	Apostelgesch.	10,44
Taufe und neues Leben	Römer	6,1
Das tausendjährige Reich	Offenbarung	20,1
Teilung des Reiches	1. Könige	12,1
	2. Chronik	10,1
Tempelbau	1. Könige	6,1
	2. Chronik	3,1
	Esra	3,8
Tempeleinweihung	1. Könige	8,1
	2. Chronik	5,1
Tempelrede	Jeremia	7,1
	Jeremia	26,1

Tempelreinigung	Matthäus	21,12
	Markus	11,15
	Lukas	19,45
	Johannes	2,13
Der Tempelschatz wird vor Heliodor bewahrt	2. Makkabäer	3,1
Die Tempelsteuer	Matthäus	17,24
Terachs Geschlecht und sein Zug von Ur nach Haran	1. Mose	11,27
Das Tier aus dem Meer	Offenbarung	13,1
Das Tier aus der Erde	Offenbarung	13,11
Timotheus wird bei der Eroberung der Festung Geser getötet	2. Makkabäer	10,24
Tobias, der große Fisch und der Rat des Engels	Tobias	6,1
Des Tobias Frömmigkeit, Unglück und Gebet	Tobias	1,1
Tobias kehrt heim und heilt seinen Vater	Tobias	11,1
Tobias' letzte Jahre	Tobias	14,14
Des Tobias letzte Mahnung	Tobias	14,1
Tobias nimmt Abschied von seinen Eltern	Tobias	5,24
Tobias verabschiedet sich von Raguël	Tobias	10,9
Des Tobias Vermächtnis	Tobias	4,1
Tobias vermählt sich mit Sara	Tobias	7,1
Tod des Herodes Agrippa	Apostelgesch.	12,18
Tod des Judas	Matthäus	27,3
Tod des Kindes der Batseba und Davids	2. Samuel	12,15b
Töten	Matthäus	5,21

Torheit des Götzendienstes	Jesaja	44,6
	Weisheit	13,1
Trauer des Propheten Jeremia	Jeremia	8,14
Trauer und Hoffnung bei Jesu Abschied	Johannes	16,16
Treue bis zum Ende	2. Timotheus	4,1
Treue zum anvertrauten Evangelium	2. Timotheus	1,3
Tryphon läßt Jonatan und Antiochus VI. Epiphanes töten	1. Makkabäer	13,12
Tryphon nimmt Jonatan mit List gefangen	1. Makkabäer	12,39
Tryphon verhilft Antiochus VI. Epiphanes zum Thron	1. Makkabäer	11,38
Turmbau zu Babel	1. Mose	11,1

U

Überführung der Bundeslade ab	1. Könige	8,1
Über Sünden aus Versehen und aus Vorsatz	4. Mose	15,22
Uneinigkeit über Jesus	Johannes	10,19
Der unfruchtbare Feigenbaum	Markus	11,12
Das ungastliche Samariterdorf	Lukas	9,51
Der ungläubige Thomas	Johannes	20,24
Der Unglaube des Volkes	Johannes	12,37
Unmündigkeit der Korinther	1. Korinther	3,1
Unrecht Gut gedeihet nicht	Sirach	40,12
Unterdrückung durch die Ammoniter	Richter	10,6
Der Untergang Babylons	Offenbarung	18,1

Untergang der Ägypter im Roten Meer – Rettung der Israeliten	Weisheit	19,1
Untergang der großen Hure Ninive	Nahum	3,1
Untergang von Sodom und Gomorra	1. Mose	19,1
Das untreue Gottesvolk	Jeremia	2,1
Unvereinbarkeit von Abendmahl und Götzendienst	1. Korinther	10,14
Urbild des Stammvaters Jakob	Hosea	12,1
Die Urgeschichte	1. Mose	1,1
Der Ursprung der Versuchung	Jakobus	1,13

V

Vaterunser ab	Matthäus	6,9
	Lukas	11,1
Verabredung des Verrates	Matthäus	26,14
	Markus	14,10
	Lukas	22,3
Verachtung Gottes durch minderwertige Opfer	Maleachi	1,6
Verantwortung für die Irrenden	Jakobus	5,19
Der verdorbene Gürtel	Jeremia	13,1
Der verdorrte Feigenbaum	Matthäus	21,18
	Markus	11,20
Vereitelter Besuch des Paulus	1. Thessalon.	2,17
Verfall der Frömmigkeit in der Endzeit	2. Timotheus	3,1
Verfolgung der Gemeinde in Jerusalem	Apostelgesch.	8,1
Vergebung für ein bestraftes Gemeindeglied	2. Korinther	2,5

Verhaftung und Befreiung des Petrus	Apostelgesch.	12,3
Verhalten des Propheten Hesekiel beim Tod seiner Frau – ein Zeichen	Hesekiel	24,15
Verhalten gegen Männer und Frauen in der Gemeinde	1. Timotheus	5,1
Verhalten in der Welt	1. Petrus	2,11
Verheißung an Abraham	1. Mose	22,15
Verheißung an Abram	1. Mose	12,7
	1. Mose	13,14
	1. Mose	15,1
Verheißung an Isaak	1. Mose	26,1
Verheißung der Herrlichkeit Gottes in aller Welt	Jesaja	45,14
Verheißung des Friedefürsten	Jesaja	9,1
Verheißung des göttlichen Segens	5. Mose	7,12
Verheißung des heiligen Geistes	Johannes	14,15
Verheißung des kommenden Heils	Hosea	14,5
Verheißung des messianischen Friedensreiches	Sacharja	9,9
Verheißung des neuen Bundes	Jeremia	31,1
Verheißung eines neuen Himmels und einer neuen Erde	Jesaja	65,17
Verheißung für das arme und geringe Volk Israel	Zefanja	3,9
Verheißung für die Berge Israels	Hesekiel	36,1
Verheißung Isaaks	1. Mose	17,19
	1. Mose	18,10
Verheißung über Serubbabel	Sacharja	4,6
Verheißung und Gesetz	Galater	3,15
Die Verherrlichung und das neue Gebot	Johannes	13,31

Die Verklärung Jesu	Matthäus	17,1
	Markus	9,2
	Lukas	9,28
Die Verkündigung des Evangeliums als Siegeszug Christi	2. Korinther	2,12
Verspottung Jesu durch die römischen Soldaten	Matthäus	27,27
	Markus	15,16
	Johannes	19,1
Verstoßung der Abtrünnigen, gnädige Annahme der Getreuen	Jesaja	65,1
Verteidigung des Apostels Paulus gegen persönliche Angriffe	2. Korinther	10,1
Verteilung des Ostjordanlandes	4. Mose	32,1
	5. Mose	3,12
Verteilung Kanaans unter die zwölf Stämme	Josua	13,1
Vertreibung der Kanaaniter	4. Mose	33,50
Vertreibung Hagars und Ismaels	1. Mose	21,8
Verwandlung der Gläubigen und Sieg über den Tod	1. Korinther	15,50
Viele Gaben – ein Geist	1. Korinther	12,1
Viele Glieder – ein Leib	1. Korinther	12,12
Die vier ersten Posaunen	Offenbarung	8,6
Vision des Petrus von den unreinen Speisen	Apostelgesch.	10,9
Visionen des Paulus und der Pfahl im Fleisch	2. Korinther	12,1
Vision vom Korb mit dem reifen Obst	Amos	8,1
Vision vom Senkblei	Amos	7,7
Vision von dem goldenen Leuchter		

und den zwei Ölbäumen	Sacharja	4,1
Vision von dem Hohepriester Jeschua	Sacharja	3,1
Vision von dem Mann auf dem roten Pferd	Sacharja	1,7
Vision von dem Mann mit der Meßschnur	Sacharja	2,5
Vision von den Heuschrecken	Amos	7,1
Vision von den vier Hörnern und den vier Schmieden	Sacharja	2,1
Vision von den vier Wagen	Sacharja	6,1
Vision von den zwei Feigenkörben	Jeremia	24,1
Vision von der Dürre	Amos	7,4
Vision von der fliegenden Schriftrolle	Sacharja	5,1
Vision von der Frau in der Tonne	Sacharja	5,5
Vision von Gott über dem Altar	Amos	9,1
Völkersprüche	Amos	1,3
Die Völker vor dem Weltenrichter	Jesaja	41,1
Vollendung des Mauerbaus	Nehemia	6,15
Vollendung des Tempelbaus	Esra	6,1
Vollmacht des Sohnes (Gottes)	Johannes	5,19
Vom Ausharren in der Verfolgung	1. Petrus	4,12
Vom Bel zu Babel	St. zu Daniel	2,1
Vom Blasen der Trompeten	4. Mose	10,1
Vom Doppeldienst	Matthäus	6,24
Vom Drachen zu Babel	St. zu Daniel	2,22
Vom Ernst der Nachfolge Jesu	Matthäus	8,18
	Lukas	9,57
Vom Essen des Götzenopferfleisches	1. Korinther	8,1
Vom Glauben	Lukas	17,5
Vom leichtsinnigen Schwören	Jakobus	5,12

Vom Leiden und Leben des Christen	1. Petrus	4,1
Vom Lösen und Binden	Matthäus	18,18
Vom Lohn der Jünger	Matthäus	19,27
	Markus	10,28
	Lukas	18,28
Vom Reich Gottes	Lukas	17,20
Vom Richten	Matthäus	7,1
	Lukas	6,37
Vom Sauerteig der Pharisäer und Sadduzäer	Matthäus	16,5
	Markus	8,14
Vom Tod	Sirach	41,1
Vom Zeichen des Jona	Matthäus	12,38
	Lukas	11,29
Von den Ältesten	Titus	1,5
Von den Bischöfen	1. Timotheus	3,1
	Titus	1,7
Von den Diakonen	1. Timotheus	3,8
Von den Schwachen und Starken im Glauben	Römer	14,1
Von den Sklaven	1. Timotheus	6,1
Von den Vorstehern der Gemeinde	1. Timotheus	5,17
Von den Witwen	1. Korinther	7,39
	1. Timotheus	5,3
Von der Auferstehung der Toten	1. Thessalon.	4,13
Von der Belohnung jedes Dienstes um Jesu willen	Matthäus	10,40
Von der Demut	Sirach	3,19
	Matthäus	18,1
	Markus	9,33
	Lukas	9,46

Von der Gerechtigkeit der Pharisäer	Lukas	16,14
Von der Gewißheit des Glaubens	Hebräer	5,11
Von der Nachfolge Jesu	Matthäus	16,24
	Markus	8,34
	Lukas	9,23
Von der Rückkehr des bösen Geistes	Matthäus	12,43
	Lukas	11,24
Von der Trauer um einen Toten	Sirach	38,16
Von der Verführung zur Sünde	Matthäus	18,6
	Markus	9,42
	Lukas	17,1
Von falscher und rechter Prophetie	5. Mose	18,9
Von wahrer Reinheit und Unreinheit	Matthäus	15,1
	Markus	7,1
Vorbereitung des Passamahles	Matthäus	26,17
	Markus	14,12
	Lukas	22,7
Vorbereitung und Empfang einer letzten Offenbarung und Versiegelung des Buches	Daniel	10,1
Vorbild des leidenden Apostels Paulus	2. Timotheus	3,10
Der vorbildliche Glaube der Gemeinde	1. Thessalon.	1,2
Vorwurf der Gotteslästerung	Johannes	10,31
Vorzeichen der Endzeit	Matthäus	24,4
	Markus	13,5
	Lukas	21,8

W

Wachteln und „Lustgräber“ ab	4. Mose	11,31
Wahl der sieben Armenpfleger	Apostelgesch.	6,1
Die wahre Beschneidung	Römer	2,25
Die wahre Freiheit	Johannes	8,30
Die wahren Verwandten Jesu	Matthäus	12,46
	Markus	3,31
	Lukas	8,19
Wahrer Gottesdienst	Römer	12,1
Wann geschieht die Wiederkunft?	Matthäus	24,34
	Markus	13,30
	Lukas	21,32
Das warnende Beispiel Israels	1. Korinther	10,1
Warnung an die Heidenchristen vor Überheblichkeit	Römer	11,17
Warnung an die Philister	Jesaja	14,28
Warnung vor der Welt	1. Johannes	2,12
Warnung vor Ehebruch	Sprüche	6,20
Warnung vor Gemeinschaft mit den Heiden	5. Mose	7,1
Warnung vor Habsucht	Matthäus	6,19
Warnung vor Irrlehren	Römer	16,17
	Kolosser	2,8
	1. Timotheus	1,3
	Titus	1,10
	2. Johannes	1,7
Warnung vor Lügen	Sirach	20,26
Warnung vor Müßiggang	2. Thessalon.	3,6
Warnung vor Rückfall in die Gesetzlichkeit	Galater	4,8
	Philipper	3,1

Warnung vor Selbstsicherheit	Jakobus	4,13
Warnung vor Selbsttäuschung	Matthäus	7,21
Warnung vor Ungehorsam	Hebräer	3,7
Warnung vor unnützem Streit	2. Timotheus	2,14
Warnung vor Unzucht	Sirach	23,21
Warnung vor Verfehlungen der Zunge	Sirach	5,11
Warnung vor Zungensünden	Sirach	23,7
Wasser aus dem Felsen	2. Mose	17,1
	4. Mose	20,2
Weckruf Gottes an das erniedrigte Jerusalem	Jesaja	51,17
Weherufe	Lukas	6,24
Weherufe über die Sünden der Großen (sechs)	Jesaja	5,8
Weherufe über einige unbußfertige Städte	Matthäus	11,20
Wehklage der Könige, Kaufleute und Schiffsleute	Offenbarung	18,9
Wehklage über Jerusalem	Matthäus	23,37
	Lukas	13,34
Weinberglied	Jesaja	5,1
Die Weisen aus dem Morgenland	Matthäus	2,1
Weisheit als Zierde des Alters	Sirach	25,5
Die Weisheit der Welt ist Torheit vor Gott	1. Korinther	1,18
Weisheit für die Vollkommenen	1. Korinther	2,6
Weissagung der Hanna über Jesus	Lukas	2,36
Weissagung der Zerstörung Ninives	Nahum	2,2
Weissagung des Sieges der Assyrer über Ägypten und Kusch	Jesaja	20,1

Weissagung des Simeon über Jesus	Lukas	2,25
Weissagungen über die Endzeit	Matthäus	24,9
	Markus	13,9
	Lukas	21,12
Weissagung gegen Ägypten	Jesaja	19,1
	Jeremia	46,1
Weissagung gegen Ammon	Jeremia	49,1
Weissagung gegen Arabien	Jesaja	21,13
Weissagung gegen arabische Stämme	Jeremia	49,28
Weissagung gegen Ariel	Jesaja	29,1
Weissagung gegen Babel	Jesaja	21,1
Weissagung gegen Damaskus	Jesaja	17,1
	Jeremia	49,23
Weissagung gegen die Philister	Jeremia	47,1
Weissagung gegen Edom	Jesaja	21,11
	Jeremia	49,7
	Obadja	1,1
Weissagung gegen Elam	Jeremia	49,34
Weissagung gegen Gog und Magog	Hesekiel	38,1
Weissagung gegen Israel	Jesaja	17,4
Weissagung gegen Moab	Jesaja	15,1
	Jeremia	48,1
Weissagung über benachbarte Völker Israels	Jeremia	12,14
Weissagung über Jerusalem	Lukas	19,41
Weissagung vom Untergang Babels und von der Erlösung Israels	Jeremia	50,1
Weissagung von der künftigen Herrlichkeit des zweiten Tempels	Haggai	2,1
Weisungen für das neue Leben	Epheser	4,25
Wendung zugunsten der Juden	Ester	8,1

Werbung um die Gemeinde und Warnung vor Götzendienst	2. Korinther	6,11
Wer ist selig?	Lukas	11,27
Das Werk des heiligen Geistes	Johannes	16,5
Wert der Überlieferung	2. Timotheus	3,14
Wessen Sohn ist der Christus?	Matthäus	22,41
	Markus	12,35
	Lukas	20,41
Widerspruch unter den Jüngern	Johannes	6,60
Wiederaufnahme des Tempelbaus	Esra	5,1
Wiedereinsetzung Israels in sein Land	Obadja	1,17
Das wiederhergestellte Paradies	Offenbarung	22,1
Wiederherstellung des Opferdienstes	Esra	3,1
Wiederherstellung Israels	Jesaja	49,7
Wiederkunft des Menschensohnes	Matthäus	24,29
	Markus	13,24
	Lukas	17,22
	Lukas	21,25
Wiedervergeltung	Matthäus	5,38
Wirken des Apostels Paulus bei der Gründung der Gemeinde	1. Thessalon.	2,1
Wirkung des Glaubens	1. Johannes	5,1
Wolken- und Feuersäule	2. Mose	13,21
	4. Mose	9,15
Wortbruch an den freigelassenen Sklaven	Jeremia	34,8
Worte Agurs	Sprüche	30,1
Die Worte an Lemuel	Sprüche	31,1
Worte über die falschen Propheten	Jeremia	23,9
Das Wort vom Feuer und Salz	Markus	9,49

Wünsche des Apostels Paulus für sich selbst und die Gemeinde		2. Thessalon.	3,1
Wüstenwanderung als Prüfung		5. Mose	8,1
Wüstenwanderung vom Horeb bis Kadesch		5. Mose	1,1
Wüstenwanderung zum Berg Sinai		2. Mose	15,22
Wundertaten der Apostel		Apostelgesch.	5,12

Z

Zachäus	ab	Lukas	19,1
Zahlensprüche		Sprüche	30,15
Zedekia befragt heimlich Jeremia		Jeremia	37,17
Zedekia letzter König von Juda		2. Könige	24,18
		2. Chronik	36,11
Zedekia vor der Entscheidung		Jeremia	34,1
Zedekia wird geblendet, seine Kinder vor seinen Augen getötet		Jeremia	39,4
Zehn Gebote (Dekalog)		2. Mose	20,1
		5. Mose	5,1
Zeichenforderung		Matthäus	16,1
		Markus	8,11
Zeichenhandlung der Ausreise		Hesekiel	12,1
Zeichenhandlung: Verbrennung der Barthaare		Hesekiel	5,1
Der zerschmetterte Krug		Jeremia	19,1
Zerstörung Jerusalems und die Wegführung in die Gefangenschaft nach Babel		Jeremia	52,1
Zeugnis für den Sohn (Gottes)		Johannes	5,31

Das Zeugnis Johannes des Täufers über sich selbst	Johannes	1,19
Das Zeugnis Johannes des Täufers vom Lamm Gottes	Johannes	1,29
Zeugnis von der Auferstehung Christi	1. Korinther	15,1
Zinsgroschen	Matthäus	22,15
	Markus	12,13
	Lukas	20,20
Zions Elend und Schmach	Klagelieder	4,1
Zions zukünftige Herrlichkeit	Jesaja	60,1
	Jesaja	62,1
Zofars Reden an Hiob	Hiob	11,1
	Hiob	20,1
Zug durch die Wüste bis zum Sieg über Sihon	5. Mose	2,1
Das zukünftige Heil Jerusalems	Jesaja	66,5
Zungenrede und prophetische Rede	1. Korinther	14,1
Zurechtweisung des Petrus	Matthäus	16,23
	Markus	8,33
Zusammenwirken und Verantwortung der Mitarbeiter Gottes	1. Korinther	3,5
Zuschrift und Segensgruß des Jakobus	Jakobus	1,1
Zuschrift und Segensgruß des Johannes	2. Johannes	1,1
	3. Johannes	1,1
Zuschrift und Segensgruß des Judas	Judas	1,1
Zuschrift und Segensgruß des Paulus	Römer	1,1
	1. Korinther	1,1
	2. Korinther	1,1

	Galater	1,1
	Epheser	1,1
	Philipper	1,1
	Kolosser	1,1
	1. Thessalon.	1,1
	2. Thessalon.	1,1
	1. Timotheus	1,1
	2. Timotheus	1,1
	Titus	1,1
	Philemon	1,1
Zuschrift und Segensgruß des Petrus	1. Petrus	1,1
	2. Petrus	1,1
Zweck der Gleichnisse	Matthäus	13,10
	Markus	4,10
	Lukas	8,9
Zweierlei Weisheit	Jakobus	3,13
Zweite Leidensankündigung	Matthäus	17,22
	Markus	9,30
	Lukas	9,43b
Zweite Missionsreise des Paulus	Apostelgesch.	15,36
Zwiespalt im Volk	Johannes	7,40
Zwiespalt unter den Nächsten	Matthäus	10,34
	Lukas	12,49
Die zwölf Fluchworte	5. Mose	27,11
Der zwölfjährige Jesus im Tempel	Lukas	2,41

Zeittafel

erstellt von Herbert Hartmann

Außerbiblische Daten	Biblische Daten
1300–1000 Mittelassyrisches Reich	1200–1000 Richterzeit
	1000 Staatenbildung. Saul, David
	965–926 Salomo
	926 Reichsteilung in die Staaten Juda und Israel
	926–722/1 Staat Israel
	926–587/6 Staat Juda
	926–906 Jerobeam I. von Israel
	926–909 Rehabeam von Juda
	906–905 Nadab von Israel
	909–907 Abija von Juda
	907–867 Asa von Juda
900–612 Neuassyrisches Reich	905–882 Bascha von Israel
884–859 Assurnasirpal II.	882–881 Ela von Israel
	881 Simri von Israel
	881–845 Omridendynastie Aramäerkriege. Elia, Elisa
	881–870 Omri von Israel
	870–851 Ahab von Israel
859–824 Salmanassar III.	867–850 Joschafat von Juda
	853 Schlacht bei Karkar gegen Assur
	851–850 Ahasja von Israel

	850–845 Joram von Juda
	850–845 Joram von Israel
	845 Ahasja von Juda
	845–817 Jehu von Israel
	845–839 Atalja von Juda
	839–800 Joasch von Juda
	817–801 Joahas von Israel
810–782 Adadnirari III.	801–786 Joasch von Israel
Assyrische Expansion nach Westen	800–786 Amazja von Juda
771–754 Assurdan III.	786–746 Asarja (Usija) von Juda
	756–741 Jotam von Juda (zuerst Mitregent, dann König)
	Propheten Jesaja und Micha
	746 Sacharja von Israel
	746 Schallum von Israel
745–727 Tiglat-Pileser III.	746–736 Menahem von Israel Prophet Hosea
	736–734 Pekachja von Israel
	734–732 Pekach von Israel
727–722 Salmanassar V.	742–725 Ahas von Juda
	732–723 Hosea von Israel
722–705 Sargon II.	722/1 Eroberung Samarias Ende des Staates Israel
705–681 Sanherib von Assyrien	725–696 Hiskia
701 Sanheribs Feldzug nach Palästina	696–641 Manasse
681–669 Assarhaddon	

669–631 Assurbanipal Verfall des assyrischen Reiches	641–639 Amon 639–608 Josia Prophet Jeremia
626–604 Nabopolassar von Babylonien Gründer des neubabylonischen (chaldäischen) Reiches	608 Joahas 608–598 Jojakim
609–593 Necho II. von Ägypten	
604–562 Nebukadnezar II. von Babylon	598/7 Jojachin 597 1. Deportation 597–587/6 Zedekia
588–569 Hophra von Ägypten	587/6 Einnahme Jerusalems Ende des Staates Juda 2. Deportation 587/6–538 Babylonische Vorherrschaft Babylonisches Exil Propheten Hesekiel und Deuterojesaja
555–539 Nabonid von Babylon	562 Begnadigung Jojachins
559–333 Persisches Reich	
559–529 Kyrus II. der Große von Persien	
539 Kyrus II. erobert Babylon Ende des neubabylonischen (chaldäischen) Reiches	

529–522 Kambyses	
521–485 Darius I.	520 Haggai und Sacharja Serubbabel und Jeschua
	515 Einweihung des Zweiten Tempels
485–465 Xerxes (Ahasveros)	475 Maleachi
465–424 Artaxerxes I.	
	445–433 Esra und Nehemia
336–323 Alexander der Große	
333 Schlacht bei Issus. Ende des persischen Reiches	332–323 Palästina unter mazedonischer Herrschaft
323–30 Herrschaft der Ptolemäer	323–312 Palästina unter der Herrschaft verschiedener Nachfolger Alexanders
	312–198 Palästina unter ägyptischer Herrschaft
	198 Palästina wird Teil des Seleukidenreiches
175–164 Antiochus IV. Epiphanes	175 Beginn des Aufstandes gegen Seleukiden und Hellenisten. Mattatia Haupt der Erhebung.
	171 Menelaus wird Hoherpriester
	169 Antiochus beraubt den Jerusalemer Tempel
	166–160 Judas Makkabäus
163 Antiochus V. Eupator	
162–150 Demetrius I. Soter	160–143 Jonatan

150–145 Alexander Balas	
145–138 Demetrius II.	
	143–134 Simon, Hoherpriester
138–129 Antiochus VII. Sidetes	134–104 Johannes Hyrkanos I., Hoherpriester
	103–63 Hasmonäisches Königtum
	103–102 Aristobul I.
	102–76 Alexander Jannaios
	75–67 Salome Alexandra
	67–66 Hyrkan II.
	66–63 Aristobul II.
64 Ende des Seleukidenstaates. Römische Provinz Syria	
63 Pompejus erobert Jerusalem	63–40 Hyrkan II.
46–44 Caesar Diktator	
	40–37 Antigonos
	37–4 Herodes der Große
27 v. Chr. – 14 n. Chr. Octavianus Augustus	4 v. Chr. – 6 n. Chr. Archelaus, Ethnarch über Judäa, Samaria, Idumäa
	4 v. Chr. – 39 n. Chr. Herodes Antipas, Tetrarch über Galiläa und Peräa
	Jesus von Nazareth
	4 v. Chr. – 34 n. Chr. Philippus, Tetrarch über Trachonitis, Batanäa, Auranitis

14–37 Tiberius	
	26–36 Pontius Pilatus, Prokurator
	Tod Jesu
37–41 Caligula	Paulus
41–54 Claudius	41–44 Herodes Agrippa I., König über Judäa
	44–50 Judäa prokuratorische Provinz
	50–68 Agrippa II.
54–68 Nero	
68–69 Galba, Otho, Vitellius	66–73 Jüdischer Krieg
69–96 Flavische Dynastie	
69–79 Flavius Vespasianus	70 Zerstörung Jerusalems
	73 Eroberung Masadas
79–81 Titus	
81–96 Domitianus	
96–98 Nerva	
98–117 Trajanus	
117–138 Hadrianus	
	132–135 Bar-Kochba-Aufstand